海外へ飛び出す⑦

working in HONG KONG & GUANGDONG

香港・広東で働く

須藤みか
Sudo Mika

めこん

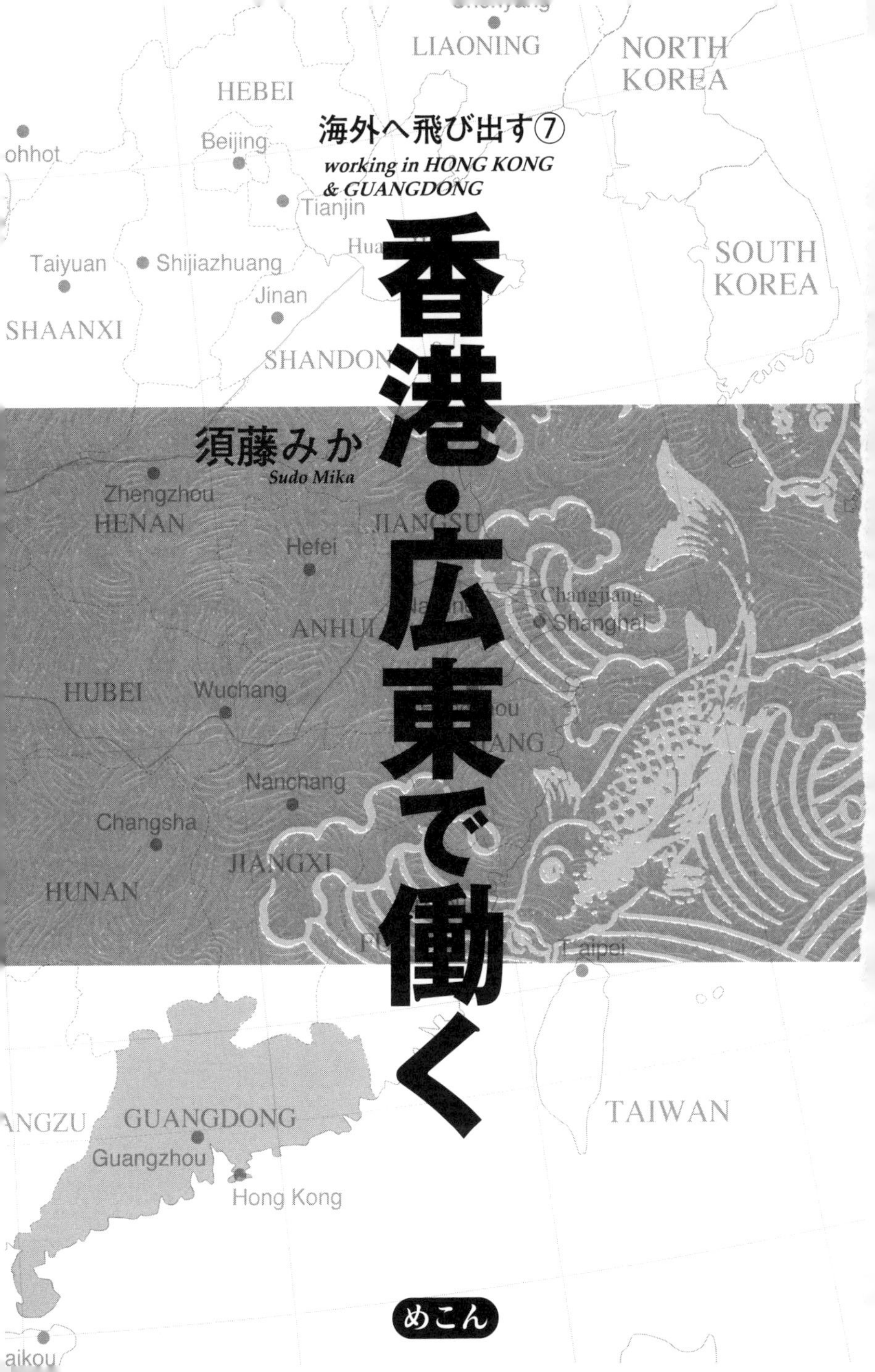

香港・広東で働く ● 目次

Information はうしろのページから始まります。

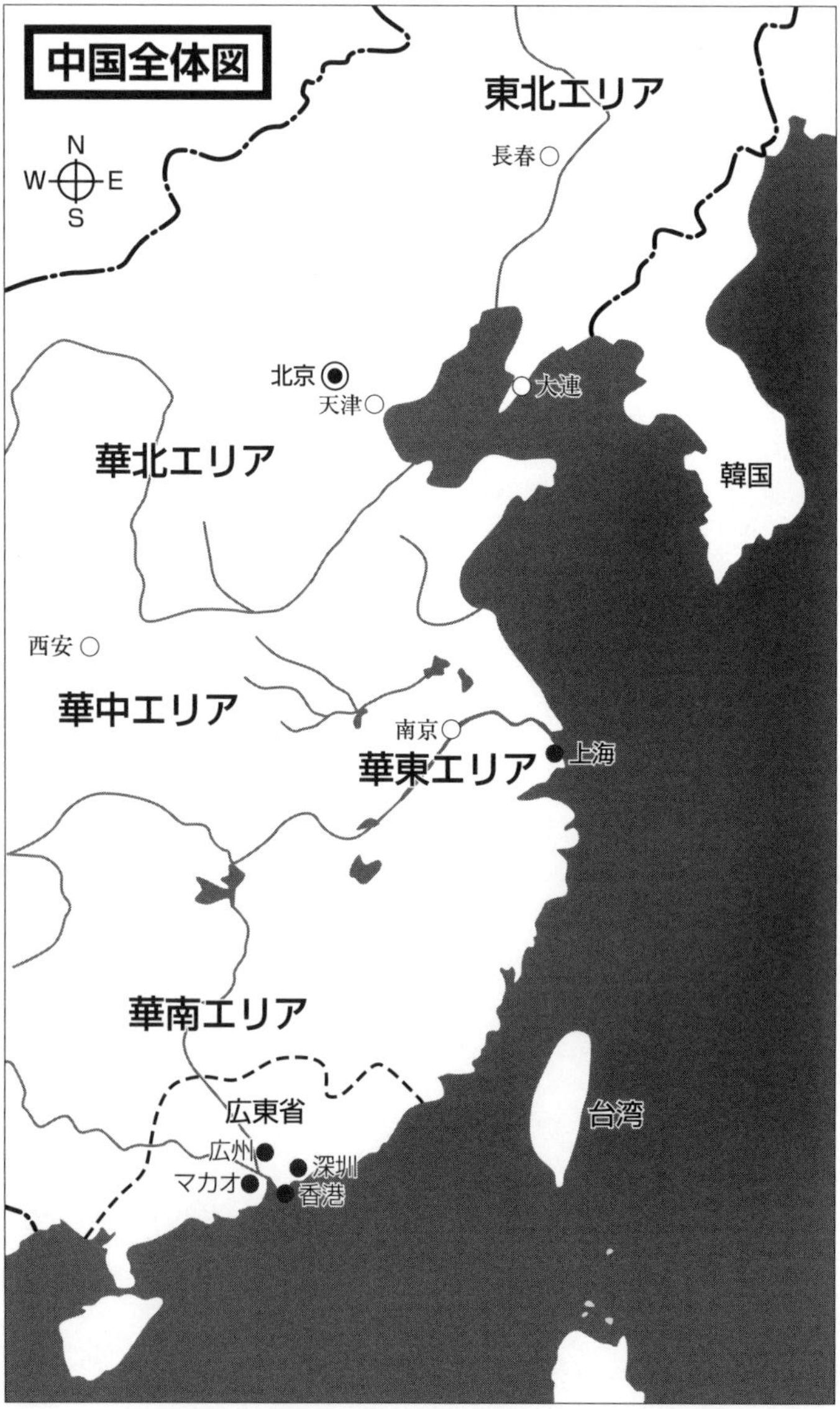
中国全体図
N
W
E
S
東北エリア
長春
北京
天津
大連
華北エリア
韓国
西安
華中エリア
南京
上海
華東エリア
華南エリア
広東省
台湾
広州
深圳
マカオ
香港

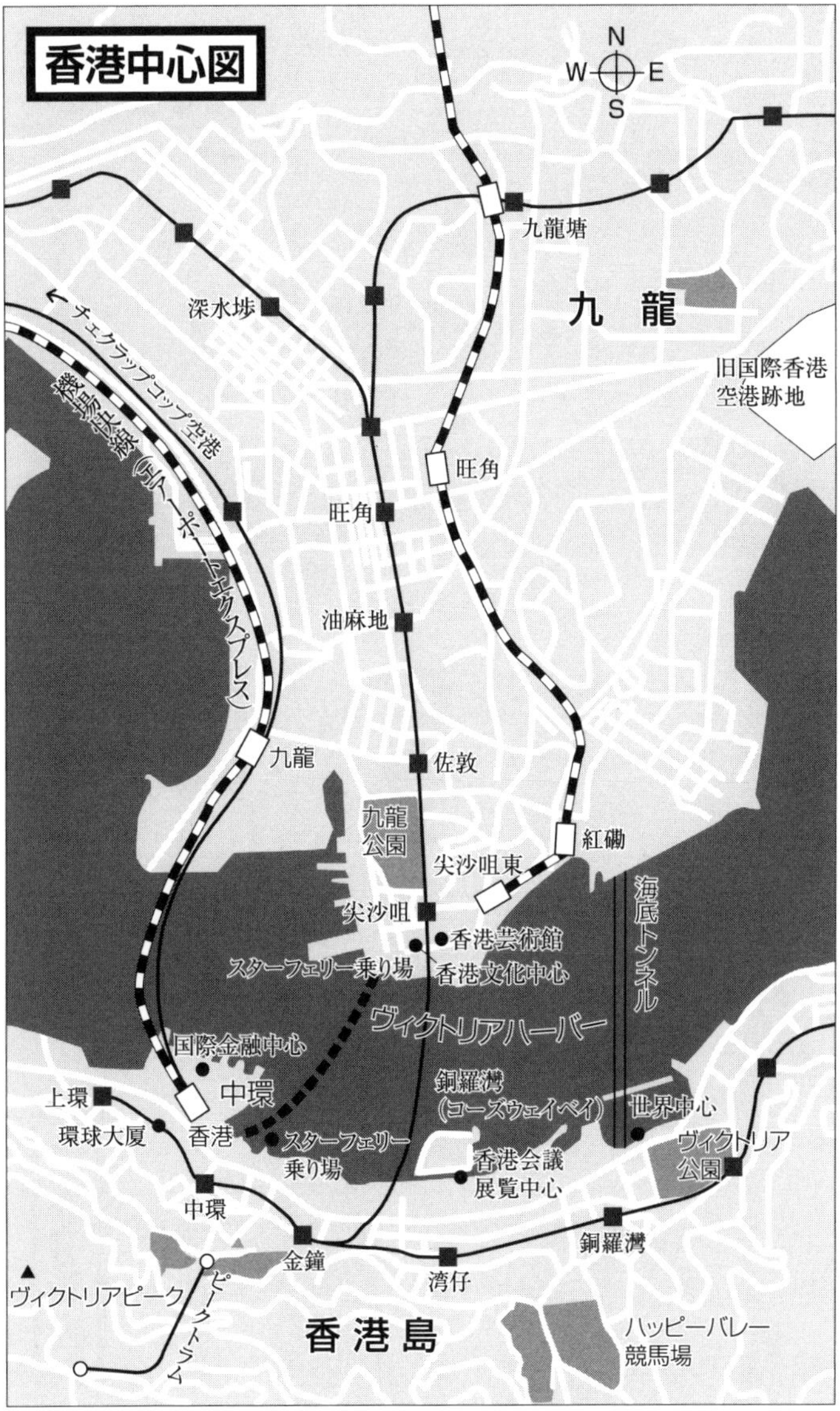
香港中心図
N
W
E
S
九龍塘
深水埗
九　龍
旧国際香港空港跡地
← チェクラップコップ空港
機場快線（エアポートエクスプレス）
旺角
旺角
油麻地
九龍
佐敦
九龍公園
紅磡
尖沙咀東
尖沙咀
香港芸術館
スターフェリー乗り場
香港文化中心
海底トンネル
ヴィクトリアハーバー
国際金融中心
中環
上環
環球大厦
香港
スターフェリー乗り場
銅羅湾（コーズウェイベイ）
世界中心
香港会議展覧中心
ヴィクトリア公園
中環
金鐘
湾仔
銅羅湾
ヴィクトリアピーク
ピークトラム
香港島
ハッピーバレー競馬場

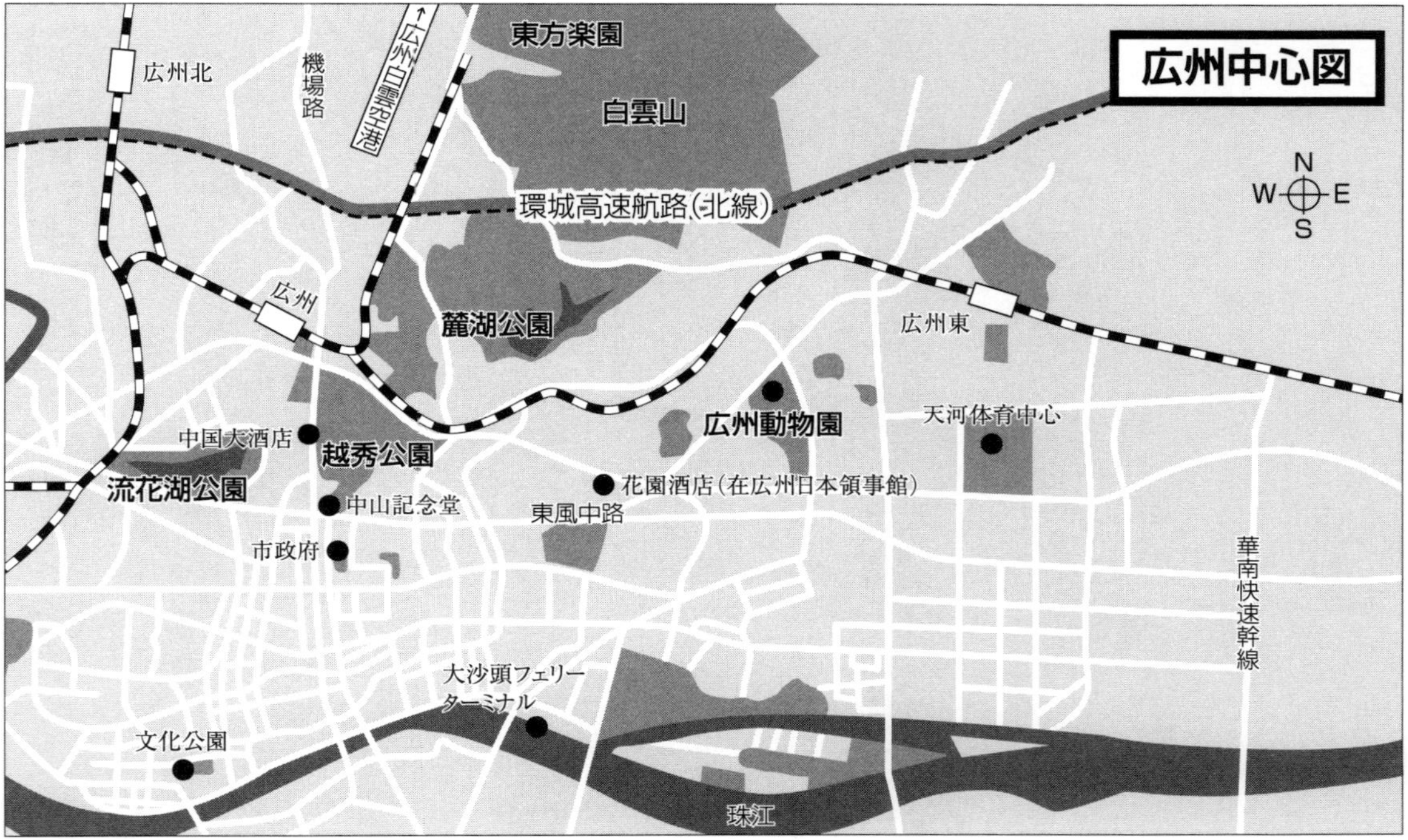
広州中心図
N
W
E
S
広州北
機場路
↑広州白雲空港
東方楽園
白雲山
環城高速航路(北線)
広州
麓湖公園
広州東
中国大酒店
越秀公園
広州動物園
天河体育中心
流花湖公園
中山記念堂
花園酒店(在広州日本領事館)
東風中路
市政府
華南快速幹線
大沙頭フェリーターミナル
文化公園
珠江

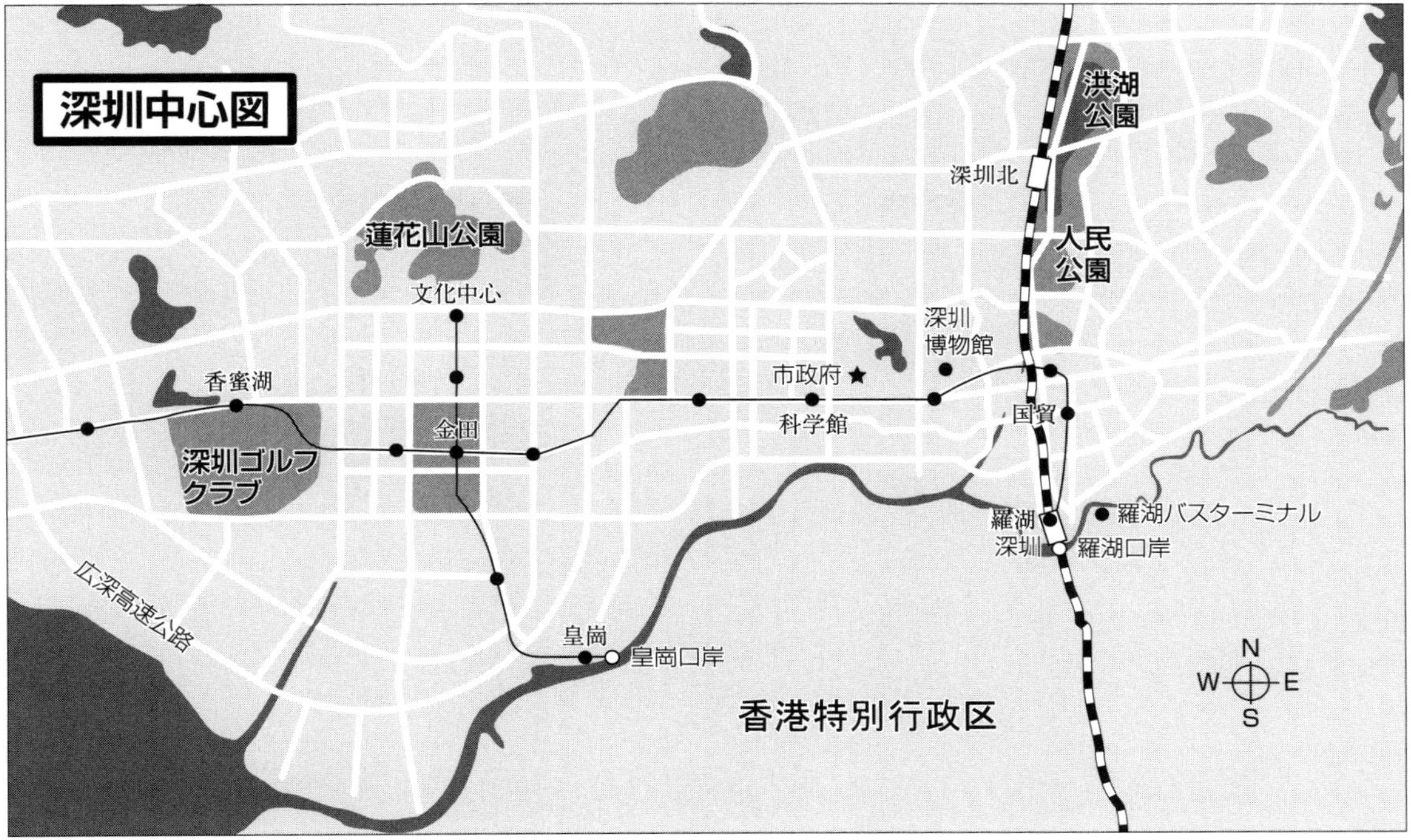
深圳中心図
蓮花山公園
文化中心
香蜜湖
金田
深圳ゴルフクラブ
広深高速公路
皇崗
皇崗口岸
市政府
科学館
深圳博物館
深圳北
洪湖公園
人民公園
国貿
羅湖
深圳
羅湖バスターミナル
羅湖口岸
香港特別行政区
N
W
E
S

インタビュー

広東語で働く
――広東語事情――

粤語《えつご》とも称される広東語は、広東省、香港、マカオだけでなく海外在住の華僑を中心に使用されていて、使用人口は世界に八〇〇〇万人とも言われる。香港・広東省では日常的に広東語が使われていて、外国人も広東語が話せたほうが暮らしは格段に快適になる。

しかしビジネスの場面になると、外国人で広東語を主要言語にして働く人というのは実は多くはないし、広東語必須を求人条件としてあげる企業の数も少ない。英語が堪能な香港人が多いこともあって、ビジネス上は英語ができれば不自由することがないからだ。また、どうせ中国語を学ぶなら、中国大陸の経済成長を受けて北京語を習得したほうが将来的には有利という風潮もある。

とはいえ、現地に溶け込んで生きていこうと思うならば、特に香港では、広東語は必須条件だ。ここに登場する五人はいずれも広東語を主要言語にして、ディープに香港とかかわる人ばかり。小学生の頃に見た映画の中のジャッキー・チェンに憧れてアクション俳優を志し、アクションの本場・香港に導かれるようにやって来て精進する女性の日々。漫才師になる夢を断念し、一念発起してたどり着いた香港で広東語を習得、新しい目標に向かって歩き出した部品メーカーの営業マン。香港返還をこの眼で見たい――、その思いを胸に香港へ。証券業界という新しい環境に身を置き、ジャーナリスティックな視線で街の変化を見つめる元新聞記者。広東語だけでなく北京語までも自在に操る中国語の達人が、駐在員、現地採用者を経てフリーランスとして活躍するまでにたどった泣き笑いの試練の道。強い思いがあれば多額の資金やコネがなくても起業できることを身をもって示す女性起業家。

香港の社会や人々とより密接な関係を築いていこうと思うなら、英語ではなく、ましてや北京語でもなく、やっぱり広東語だということが五人の生き方から見えてくる。

アクション俳優

1 篠原幸恵

SHINOHARA Yukie

どんな仕事も断らない。そこから何か開けるから

一九七三年七月一八日生まれ　山梨県出身
山村女子短期大学国際文化学科卒
【職業】アクション俳優
【香港歴】二〇〇〇年一一月〜〇一年六月　二〇〇二年一一月〜
【住居】ワンルーム（四畳半程度、二三〇〇香港ドル[*1]）

きっかけは、ジャッキー・チェンだったんです。

小学三年生くらいに彼の映画『酔拳』を見て気になり出して、五年生になった頃には本当に大好きになっていて。女の子でその頃ジャッキーを好きな子なんていなかったけど、男の子はみんなファンだったから一緒になって騒いでいました。髪型や顔の表情も全部真似したり（笑）。中高大と周りからもジャッキーと呼ばれてきました。

中学の頃から行きたかった倉田アクションクラ

ブに高校三年で入って、山梨から東京に通いました。まず最初の二年は養成期間なので、マット運動とか体操、受け身や空手の基礎を勉強したんです。

東京に出たい一心で短大に入学。いつかはアクションの本場、香港へという気持ちもあったので広東語を専攻できる学校を探しましたけど、なかった。それで北京語が勉強できるところに入ったんですけど、大学にはあまり行かなくって、アクション漬けでしたね。

二三歳で一度所属する事務所を変えましたが、アクションやお芝居の稽古をしながら、イベントでアクションの仕事をして、その合間に一般のバイトもして、という生活が続きました。当時は女性のスタントは少なかったので、仕事も多かったんです。サンリオピューロランドで、キティちゃんに扮して綱渡りとか、いろいろやりました。地方にもよく行きましたね。

香港へ行きたい気持ちはずっとあったんですけど、なかなか決断できなかった。初めて香港へ来たのが一九九七年で、事務所の同期の女の子と一緒に四泊五日で撮影所巡りをしました。言葉も通じないのに、行き当たりばったりで。その時思ったんです、初めての香港なのに、懐かしいなぁって。もう絶対住みたいと思うようになって、九九年八月に香港大学に短期留学。本格的にこちらに来たのは、一年ちょっと経ってからです。

当てですか？　何もありませんでした。事務所の先輩が香港で活躍していたので、先輩について現場を見に行ったり、映画やCMなどのキャスティングやコーディネートに関わっている日本人女性の方に紹介してもらったりというところから始めました。半年の間に、ナインティナインの岡村隆史さんが主演の『没問題《モウマンタイ》2』とか映画二本にスタントで出ました。

この時は、半年で日本にいったん帰ったんです。お金がなかったのもありますけど、精神的に参ったのもあって。システムというか香港の映画・テレビ界のやり方に慣れなかったし、人を信じられないとも思ってしまって。仕事があるよ〜って聞いてたのに急になくなったりとか、いろいろ重なって。今はもう香港流にも慣れてしまって、何か変更があっても、あぁ、またかって感じですけどね（笑）。

このままいても、どうやってアクションの仕事をやっていけばいいか分からなくなった。お金を貯めて戻ってくるつもりで、帰国しました。東京にいた頃は、アクションの活動もできましたけど、帰ったのは山梨の実家でしょ。バイトばっかりして、早く香港に行きたいといつも思っていました。少ないんですけど目標額が貯まったので、二〇〇二年一一月に香港へ一年半ぶりに戻ってきました。

香港映画といっても、最近は大陸で撮ることが増えています。制作費の問題もありますけど、スタントさんの層が大陸は厚いし、スケールが違う。香港人の女性のスタントは一人か二人しかいないって聞いています。大陸のスタントは武術を身に付けているから、動きにスケールがあるらしいですね、だから香港で撮影するにしても、大陸から呼んだりすることも多いようです。

バック転とかの大技は中国人に敵わないかもしれないけど、立ち回りとかボディアクションだったら、私も負けないと思う。だから、存在を知ってもらうことが大事なんですよね。香港人のアクション監督さんにも、

「俺にできることはしてあげるけど、いろんな人に知ってもらって顔を広めることが大切だから」

と言われました。だから、現場で知り合ったスタントさんたちなどには、「何でもいいですから、仕事を下さい」と言ってまわり、自分をアピールしてきました。でも、監督にまではまだ売り込めていない。どう売り込んでいけばいいのかを、ずっと考えています。地元の事務所に所属しないかという話もあったんですけど、レッスンが受けられる代わりにお金を払わなきゃいけないし、仕事が限定されるのもイヤで、入りませんでした。

アクション監督からはたまに、仕事をもらっています。ただ、やっぱりスタントとか吹き替えになると、背が問題になる。私は、一四九・八センチと小さいから。日本は小さい女優さんもいますけど、香港の女優さんは大きい人が多いので、それで落とされてしまう。

でも、ゆくゆくはスタントではなくて、自分が俳優として出演していきたいから、小さいことも個性かなと思うようにしています。目指すのは、三枚目のアクション俳優です。脇で光れる俳優になれれば。

日本にいる頃は、お芝居は好きなんだけれど、どこか吹っ切れないところがあった。アクションコメディの舞台にも二度出てるんですけど、恥ずかしいというのもあったし、殻を破れないのもあった。でも香港で、同じようにアクション俳優を目指して来ている仲間たちと二〇〇三年に自主制作映画を撮ったんですよ。そうしたら、やっぱりお芝居は面白い、と。アクションだけじゃなくて、お芝居もやりたいと思うようになりました。

最近の仕事だと、映画の『痩身男女』や『魔幻厨房』などに日本人役で出ました。でも、一瞬です。本当に一瞬なので、見逃さないで下さい（笑）。CMの仕事もしています。アクションを演じたり、スタントですね。食品関係のCMに二本出たんですけど、香港は一、二週間でバージョンが変わっちゃうんで、私も実はオンエアされたのを見てないんですよ。

それから、キックボクシング・ショーや泥プロレスの大陸での興行に参加したり。キックボクシングの時には出るだけじゃなくて、アクションの振り付けも任されて、大陸の女の子たちを指導しました。

今は、何でも屋さんって感じかな。先週はマカオに行ってきたんですけど、メイクアップの仕事だったんです。和服の着付けとかも、頼まれればやっています。アクションやお芝居の仕事がしたいのに、何をやっているんだろうって思う時もあります。葛藤があります。でも、実際にやってみれば楽しいし、何かのプラスになるはずだと思って。だから、仕事は断ったことってないんですよ。別のバイトをするよりは、現場に行きたい。そこから何か開けるかもしれないし。実際、人間関係は広がっていると思いますから。

アニタ・ムイ[*2]のお葬式では、スタントさんの知り合いから来るようにって言われて、セキュリティのお手伝いをさせてもらいました。そのおかげで、香港のお葬式を経験することができたし、何もかもがいつかは役に立つと思っています。

香港のスタントさんたちには本当に親切にしてもらっています。みんな、苦労しているんですよね。この世界に入り始めた頃は、現場にとにかく行きたくて何でもやってみたい。いま私が感じている気持ちをみんな経験しているから、何かしてあげようと現場に呼んでくれたり、人を紹介してくれています。香港人って、自分のことしか考えていないって言いますけど、確かにそんなところはありますよ。でもこんなに親身になってくれる部分もあるんですよね。素性も分からない日本人にここまでしてくれて、感謝しています。立ち回りで使う道具や、振り付けとかの専門用語も最初全く分からなかったんですけ

▲香港人スタントマンに助けられて頑張ってきた

ど、一つ一つ親切に教えてくれたのもスタントさんたちでした。

生活はラクではないです。今はアクションなど現場の仕事の合間を縫って、バイトもしています。ぎりぎり何とかなるっていう感じかな。早く、アクションの仕事だけで食べていけるようになりたい。日本人のスタント仲間の中には、諦めて帰る人もいますが、香港での経験を生かして頑張っている子たちもいます。そうやって頑張っている人たちと、いつか必ず一緒に仕事をしたいなと思っています。

住まいは、ビジネスホテルみたいなワンルームのアパートで、四畳半もないかな。でも、毎日何時間か稽古をする九龍公園や繁華街にも近いので、気に入っています。ナインティナインの深夜番組『ナイナイサイズ』で、貧乏家の一つとして紹介されたこともあるんです（苦笑）。香港に住むならこんな家っていう企画で、高級住宅から貧乏家までを見るんですが、ナイナイの岡村さんが取材に来ました。

自主制作映画を撮ってすぐに、食べ物に当たったみたいで、大腸炎になったこともあります。体力的にも精神的にも疲れていたんでしょうね。死ぬかと思うくらいに、ひどい状態でした。香港人のお医者さんの知り合いがいたので診てもらったら、四日間入院することに。ちょうどSARSの頃だったので、病院にいるほうが危なかった（苦笑）。

怪我も多いですね。日本にいた頃から悩まされてきましたけど、こっちに来てから肩の脱臼癖がついてしまったみたいです。魚の目をとる手術をしたこともあるし。こう考えると、医療費は結構かかっているかも知れない。フリーでやっているから、毎日通うオフィスがあるわけでもない。一人で倒れていても誰も気づかないかもしれないという恐怖はあります。怪我をすると弱気にもなって、アクションを止めようかなと思うこともある。でも、やっぱり好きだから止められないんですけど。

母から今日、電話があって、

「日本のほうが、仕事があるんでしょう。そろそろ帰ってきたら」

と言われました。確かに、日本に帰ったほうが仕事はあるんです。私もずっと一生香港にいるつもりはない。理想としては、日本と香港を行き来しながら仕事ができるようになること。どこで区切りをつけるか、ですよね。一本でも二本でもいいから、大きい映画に重要な役で出演できたら帰りたい。それがなかったら帰れないっていうわけでもないんですけど、せっかく来たんだし、このままじゃ引き下がれないし、それに香港が好きだから。

香港は暮らしやすい街です。必要以上に人に気を遣う必要はないから、私もいい意味で大雑把になったと思う。人との距離が近いので誰とでもすぐに友達になれるし、友達の輪が広がっていくのも早い。そして困っている友人がいたら、すっと助けてくれる人がいる、それがフッウの場所なんですよね。そのおかげで、今の私があるんだとも思う。いつか日本に帰ったら、香港の人たちのようにすっと助けてあげられる人でありたいなと思っています。その前に、もっと自分を売り込んで香港で頑張らないと。

心配をすごくかけているとは思うのですが、私のやりたいことを認めてくれて、応援してくれている父と母にはとても感謝しています。初めて香港に来る時に、父から初めて手紙をもらったんですよ。

「チャレンジ精神のあるお前だから、とにかく自分の納得いくまで頑張ってこい。お父さんも応援してるから」

って。父の娘ですからね、中途半端で終わりたくないと思っています。

＊1　二〇〇七年二月現在で一香港ドル、一人民元ともに約一五円。

＊2　香港の女優。中国名は梅艶芳。二〇〇三年一二月死去。

部品メーカー営業

高瀬哲矢

TAKASE Tetsuya

❷ 香港人化した自分をいま、一からやり直している

一九七四年五月一日生まれ　東京都出身
和光高等学校卒
【職業】部品メーカー営業部マネージャー
【留学歴】一九九九年一月～二〇〇一年一月　香港中文大学
【香港歴】一九九八年九月～
【休日】土・日曜日
【住居】2LDK（五〇〇平方フィート[*1]、七〇〇〇香港ドル　半分会社負担）

香港に来るまでは、漫才師になりたくて大阪で劇場に出るチャンスをうかがいながらネタを作るという生活をしていました。幼稚園くらいから落語や漫才が好きで、毎晩落語のテープを聞いて寝ていたというくらい。一貫教育の高校だったのでそのまま大学へ行くこともできたんですが、どうしても芸の道へ進みたくて大学進学をやめました。吉本総合芸能学院（NSC）はご存じですか。一期にはダウンタウン、九期にナインティナインが

いる、お笑いタレント養成所です。そこに入りたかったんですが、高卒後すぐに大阪へ行く許しを親から得られなくて、ひとまず東京の日活芸術学院で二年間、発声と演技を勉強しまして、その後NSCの一五期生になりました。

入学オーディションを受けたのが一〇〇〇人、一五期生として入ったのは一〇〇〇人です。授業内容は結構厳しいですから、半分くらいは三ヵ月以内にやめてしまいます。一年後に卒業できたのが四〇人くらい。卒業した後にアシスタントとして残れるのが一〇人くらいで、私も最後の一〇人に入りました。

小中高と人を楽しませるということでは自信があったんですけど、吉本に入ってみると、あぁ、自分は井の中の蛙だったなぁと分かってくる。当時二四歳でしたけど、私の実力からして四〇、五〇になった時に絶対に路頭に迷うだろう。だったら早めに第二の人生を考えたほうがいいんじゃないかと思って、三年三ヵ月いて東京に戻りました。結局同期で残ったのは、ランディーズとストリークの二組で、大阪では結構人気が出てきているようです。

すぐに仕事を探しました。一〇社くらい受けたのかな、でも全く決まらなくて。漫才をやめてみると、何の武器もない自分に気づきまして、一つでいいから何か自分に特技を身に付けないとダメだろうと。そう思った時に、父の同僚が以前香港に駐在していたことがあり香港人の知り合いがいるという話から、

「仕事がないなら、中国語を二年間くらい勉強しに行ってきたらどうだ」

と、両親から言われまして。これからは中国の時代だと漠然と思っていましたので、だったら中国語を勉強しようと。吉本を辞めて東京に戻ったのが一九九八年八月で、翌月に香港へ来ました。

しばらくは学校探しをして、翌年一月中文大学[*2]の二年間の広東語コースに入学したんです。二年目に入った頃、広東語だけでは足りないから北京語もやらなきゃダメだと思いまして、大学では広東語、家では北京語の勉強を始めました。広東語の発音は七声あって、難しいじゃないですか。それをひたすら一年間やって少し喋れるようになっていましたので、北京語の四声はすごくラクだったんですよ。北京語ってラクだと思ったら、一ヵ月くらいで喋れるように。最初に北京語を勉強していたらすごく苦労したと思うんですけど、広東語のベースがあったからですよね。クルマで言えば、最初にマニュアルをやってオートマに行けば簡単じゃないですか、それと同じです。どうせなら英語も必要だと思って、香港人向けの語学学校へも通いました。

大学の授業は午前中で終わってしまうので、午後から英語の学校へ行って、夜は自宅で北京語を勉強するという生活でした。毎日一〇時間くらい勉強していたかも知れませんね。

語学のセンスですか？　あるかどうかは分からないですけど、とにかく必死だったんです。二四歳で一度つまずいたので、次はもう失敗したくなかった。ものすごく悔しい思いをしたので、こんな経験は二度としたくない。自分の人生を成功させたいと思ったら、自然と机に向かっていました。

大学を修了して帰国の準備をしていた時に、大学の先生から、香港にこのままいたいのであれば仕事を紹介してあげるよ、と言われました。北京語は日本でも使う機会はあるかもしれないけど、このまま帰ったら間違いなく広東語は使わなくなるだろう。せっかく勉強したのに、もったいないよと。それで先生に紹介された日系のOEM[*3]の組み立て工場にセールスとして入社。大変でしたけど、小さな会社だったので香港人の同僚とも仲良くやれて楽しかったです。

一年半くらい経った頃に、電話会社にいる知り合いの香港人から転職しないかと誘われました。香港の日系企業を担当していた日本人が辞めてしまったので、良かったら来てくれないかと。一度は断ったんですが、それでも彼は毎日のように電話をかけてくる。英語しか喋れないという日本人ではなく、あなたみたいな広東語ができる人がいいんだと、三ヵ月くらい口説かれまして。熱意にほだされたというか、そんなに必要としてくれるのであればと心が動いて、転職しました。会社には三日前に退職したいと言いました。社長からは何のために君を育てたと思っているんだ、と怒られましたが、心は決まっているので押し切りました。今でも申し訳ないことをしたと思っています。

転職した電話会社では、香港人が一五〇人くらいいて、外国人は日本人私一人。最初は、香港人の中に自分一人が入っていくのが怖かったんですが、皆さんによくして頂いて。ファミリーみたいな企業で、分からないことがあると協力してもらいながら、いい雰囲気でやっておりました。

苦労したことというと、いくら広東語が分かるといっても大勢の会議になると、ついていくのが大変で、聞き取れるのは五、六割。会議が終わると、同僚に毎度確認をせねばならなかったことですね。あと、もう一つ。ある時、社長が全社員の前で、一九四一年に日本軍が香港に侵攻した話をしたんです。結論は、日本人は頭が悪い、だから日本人みたいなアホなことはするなという話で、明らかに日本人を侮辱する内容でした。周りの人間から、気にする必要はないと言われても、非常につらかったです。

仕事のほうはうまくいって、顧客も増えていきました。日本人の方とも知り合う機会が増えて、なかにはお客さんという関係から、友人の関係になって飲みに行ったり一緒に山登りしたり。そんなわけで楽しくやっていたんですが、一年半くらいした頃、私を前の会社から引っ張ってくれたセールスデイレクターが社長とケンカをして突然退社。私は彼に雇われたようなものなので、立場もなくなる。宙ぶらりんの状態で二ヵ月くらい過ぎた頃、そのセールスデイレクターから、

「ライバル会社に移ったから、よかったら来ないか。そのかわり、あなたが抱えている三〇〇社の顧客を一緒に持ってきてほしい」

と言われました。顧客をごっそりライバル会社に持っていくなんて、日本では考えられないことですけど、香港では日常なんですよね。ライバルの電話会社に移ってからは、そのまま顧客も少しずつスライドできて、順調にいき始めていたところに、今度は実家から戻ってきてほしいと言われまして。相続問題がこじれて親族がぐちゃぐちゃになっているので、うまくまとめてほしいということでした。

一ヵ月の休暇をもらって帰国しましたが、結局三ヵ月かかりました。途中で、セールスデイレクターには何度か電話をして休暇を延期してもらっていたんですが、最後の一ヵ月は連絡ができなくて…。香港に戻って、空港からすぐに電話をしたのですが、

「もう別の日本人を雇ってしまった。日本人は一人でいいので、あなたの席はもうありません」

という答え。多少予想はしていましたけど、途方に暮れましたね。日本にいる間に、母からはこのまま日本にいてほしいと言われたのに、自分には香港が向いていると大見得切って戻ってきていますから、会社に席がなくなったからといって、のこのこ帰国するわけにはいきませんでした。

すぐに日本語フリーペーパーの『コンシェルジュ香港』を見て、人材紹介会社二社へ登録しました。これまでの経験から、日系企業のほうが安心して働けると思い、日系を中心に一ヵ月半くらい就職活動

▲同僚たちと。香港を理解しながらも、日本人であることを忘れずにいきたい

をして、面接を五社受けました。その中で、今の日系部品メーカーの社長が何度も電話を下さったこともあって、営業として入社しました。

「ウチの会社は暗い。香港人同士もあまり喋らないし、仕事以外の話もしない。団結なんていうのも一切ない。あなたが吉本とかで培ってきたもので、雰囲気を明るくして、みんなを引っ張っていってほしい」

と社長から言われて、やりがいがあるなと思ったんです。それが今の会社に入った一番大きな理由かも知れません。そこは、私の一番得意とするところですから。自分で言うのもなんですが、多少ですが会社の雰囲気が明るくなってきたように思います。

香港で働くには、言葉が喋れるだけではダメだなと思います。ちゃんと香港の文化とか生活習慣を理解しないと失敗するだろうなと。駐在員だったら、香港の中でも日本社会の流儀でやれればいいですけど、我々みたいな現地採用者はうまく香港人ともつきあっていかないと。

香港生活はもう七年を超えましたけど、私もずっと日本風を貫いてきたところがあった。意識が変わったのは二年くらい前なんです。電話会社にいた時、顧客の駐在員の方からこう言われました。

「高瀬さんね、あなたはここにいさせてもらっているんだから、適応しなきゃダメだよ。あなたは望んで香港に来ているんでしょう。ここは香港人の土地で、我々はそこに部屋を借りさせてもらって、仕事をさせてもらっているんだから」

この言葉が私を変えてくれたなぁと思っています。それまでは、例えばですね、レディファーストにも慣れなくて…。飲茶に初めて行った時のことですけど、その時のメンバーは香港の女の子が四人と男は私一人。最初はお店の人がお茶をついでくれましたよ、でも飲み干してしまうと誰もついでくれない。「ついでよ」って言うのもどうかな思って、ずっと待っていたんです。そしたら数十分経ってから、隣の子から「高瀬さん、こういう時は男がつぐものなのよ」と言われまして。「男がつぐの？」って聞いたら、「常識よ」と返されました。男がやることじゃないと、腹が立ちましたね。

それからは、腹を立てながらも渋々お茶をついでいたんです。他にも日本人としては納得できなかったり、むっとすることはありましたけど、この駐在員の方の言葉を聞いて、私の意識は変わりましたね。でも正直言うと、私のレディファーストはまだぎごちない。努力はしているんですが、油断すると「日本の男」に戻ってしまうんです（苦笑）。

香港人とはうまくやっていく自信があります。最初の会社も日系とはいえ現地化していましたし、その後の二社目も三社目も香港企業でしたから。でも、日本人とのコミュニケーションがうまくできなくなっていたんです。今の会社に入って、それがよく分かった。日本人なら絶対しないような名刺の渡し方をしていたり、時間の観念がなかったり。香港人は遅刻しても悪びれないというか当然みたいな観念があって、私も平気で約束の時間に遅れていました。接待でも、盛り上げるのは得意で心得ているつもりだったんですが、社長に言わせると「自分が楽しんでしまっていて、本当の意味の接待になっていない」とか。

香港人化していた自分を今、一からやり直しています。社長が育てようという気持ちで、一つ一つ注意をして下さる。それまで注意をあまりされたことがなかったので、最初はうるさいなぁ、ほっといてほしいと思ったんですが、最近は有難いことだと思って、素直に聞けるようになりました。ようやく、いい会社に巡り会えた。ずっとこの会社で、働かせてもらいたいと思っています。

大陸への出張が最近多くなってきました。一週間に一回は日帰りですが深圳に行きますし、上海、北京のほうにも新しいビジネスのために出張する機会が増えてきました。広東省では広東語が通じますが、羅湖[*4]を出たら広東語は使わないようにしているんです。そうしないと広東語に埋もれてしまう気がしていて。北京語はこれまであまり使う機会がなかったので、よし北京語を喋るぞと思わないと喋れない。でもせっかく使えるチャンスがあるわけだし、ビジネスレベルになるように頑張ろうと思っています。

＊1　一平方フィートは〇・〇九平方メートル。
＊2　香港の有名大学。（詳しくはインフォメーション一〇〇ページを参照）
＊3　相手先の商標名で販売される製品の製造。
＊4　九廣鐵道（ＫＣＲ）の終点駅。中国・深圳との境界で、国境検問所がある

❸ 台湾系証券会社営業
小野尚美

ONO Naomi

時とはお金を作るもの。考え方の違いが面白い

一九六三年四月二日生まれ　静岡県出身
明治大学文学部卒
【職業】第一證券（香港）有限公司セールスマネージャー
【留学歴】一九九五年一月〜九六年七月　香港中文大学　国際交換計画学部、ランゲージセンター
【香港歴】一九九五年一月〜
【休日】土・日曜日
【住居】スタジオタイプ（四五〇平方フィート、六三〇〇香港ドル）

香港に住もうと思ったのは、香港が好きで中国返還をこの眼で見たかったからです。初めて香港へ来たのが、一九八七年。大学の卒業旅行の時で、上海、北京、西安、広州と大陸を旅して、最後に香港へ。当時の大陸では、電卓を出すだけで人が珍しそうに集まってくるし、地図を広げても集まってきちゃう。それが香港だと、セントラル[*1]などでは、欧米人と対等に英語で話している香港人がいる。東京よりよほど国際都市じゃないかと思

いました。そんな香港が中国に返還されたらどうなるんだろう、社会主義と資本主義という体制の違いもあるし、これから発展していく中国と、都市化している香港とがどうなっていくのか、すごく興味がわきました。その後何度か香港にも来ているうちに、ますます気になって…。生活者の眼で中国返還を見たいと思って、香港に来ることを決めたんです。

香港中文大学に一年半留学、北京語を勉強しました。日本では、日刊工業新聞社で八年近く新聞記者として企業取材をしてきたので、それを生かせる仕事はないかと思っていたところに、邦字紙出版社の仕事が見つかった。駐在員に役立つようなビジネス情報を中国語紙と英字紙からピックアップして翻訳、サマリーにまとめて毎日発行するというもので、時々はオリジナルの記事も書きました。その後、香港の生活・文化・社会情報を扱う週刊新聞の編集部に移り、副編集長に。

九九年六月に辞めることになりましたが、辞めたというかリストラでした。日本の景気低迷とアジア経済危機の影響で日本企業の香港撤退が続き、新聞の広告収入がどんどん減っていく。出版社も赤字だったので、経費削減をしなきゃいけないことになって。いったんは新編集長になるように言われていたのが、父が病気で倒れて一時帰国している間に話が変わって、解雇されました。父が倒れたことで帰国するかどうか悩んでいたんですが、兄姉に「ここまで頑張ったんだから、このまま香港にいていい」と言われて、気持ちを切り替えて香港に戻ったところでした。新しい体制の中で、こんな企画を立てようとか、香港にいる日本人に役立つ紙面にするにはどうしたらいいかと、いろいろ考えていたわけです。それが突然、「営業のできる編集者を残すことになった」と言われて、解雇です。すごく悔しかった。

でもね、香港人の友人に話したら、「おめでとう。よかったね」と言われて（笑）。経営が悪化してリストラをする会社なんて、早く辞めたほうがいい。これで、もっといい会社で働くことができるよ、と。会社が危ない時に最後まで残っているなんて彼らには理解できない。それよりもいち早く転職しなきゃいけないと考えるんですね。日本人とは違うマインドですよね。私は解雇を言い渡されるまで、みんなで頑張ってこの苦しい時期を乗り越えようと思っていた。これって日本人の良さなんですけどね、香港の友人の言葉を聞いて、気持ちを切り替えたほうがいいなって思えた。それからは、私もリストラに遭った友人がいると、前途を祝って「おめでとう」と言うようになったんです。

リストラというと、日本人は全人生を否定されたみたいに捉えるところがあるけど、実はそうじゃないですよね。自分を否定する必要なんてない。香港人は明日解雇されるかもしれないとリスクと背中合わせで仕事をしているので、常に危機意識を持っています。そして切り替えも早い。香港の人の好きなところは、困難や逆境に遭っても前向きに生きようとする底力ですね。香港の人たちのそういう逞しさを見ると、自分も頑張ろうと励みになる。システム化された日本で淡々と生活するよりも、生きる底力を持つ人たちのいるエネルギーのある場所で暮らしたほうが面白いと思えるんです。

今までやってきたことの延長で何がやれるかを考えました。人材紹介会社に登録して、企業情報のリサーチなどの仕事をしたいと言ったら、タイミングよく今の会社が募集をしていまして。ここはもともと三洋証券の現地法人だったんですけど、台湾の第一證券が買収。日本人の顧客もまだ残っていたので、日本語で企業情報やマーケット情報を提供したいということでした。私としてはこれまでも中国語の新聞や英字紙を読んできているから、やりやすい仕事です。香港・台湾・中国のマーケットが閉まった後に、その日のマーケット情報を集めて日本語に訳して配信するリサーチ部門で働き始めました。

三年半リサーチ部門にいて、二〇〇三年六月、会社に正式な証券取引のライセンスが下りたところで、セールスへ異動しました。実際の株の売り買いをする現場です。日本株を買いたいとお客さんが言えば日本の証券会社にオーダーを通し、中国のB株を買いたいと言えば中国の証券会社に注文を通す。香港株の場合は、社内の香港人トレーダーに注文を出すという具合です。

最初はすごく怖かったんですけど、いざ現場に入ってみると面白い。マーケットを見るということは、株価を通して世の中を見ることでもあるわけです。セールスに異動して三年半が経ち、少しずつ経験や知識もついてきました。何かいい銘柄がないかと聞かれれば推奨もしますし、お客さんと話をしながら投資計画に携わっていきます。特定の銘柄を一任されて注文をする「計らい」も任されるようにもなってきました。緊張もしますし細心の注意も必要ですが、株の世界の奥の深さと責任、そしてやりがいを感じながら働いています。世の中の大きな流れを読み取りながら、さらに経験と知識を積んでいくというのが今後の課題です。

香港の人たちって、株が好きですよね。上がる時も下がる時も極端で、香港らしい（笑）。短期投資だし決断も早くて、日本人とは投資スタイルが違います。中国株はあまり見ていませんが、香港と似たような感じはあるようです。台湾人も、仕事そっちのけで株をやっているって聞きますから、気質的に中国人は投機的なものがすごく好きなんですよね。

日本ではちょっと前、中国株ブームで沸きましたが、リスキーな部分を度外視して闇雲に買おうとする人たちが多いのを感じます。急騰した後すぐに急落した株があって、日本人のお客さんに頼まれて調べてみると、急騰した時に日本の証券会社が大量に買っていた。推測ですけど、セミナーなどでパネリストが推奨した株を、参加者たちが翌日こぞって買っているんじゃないかと。日本語で推奨された銘柄には疑問に思うようなものもありました。例えば、ガス管の接続業者なのに、指南本にはガス会社と紹介されている。きっとこの会社を日本のガス会社のように公共性や安定成長企業のイメージでとらえた方は多かったのではないでしょうか。

一時期のブームほどではないにしろ、香港で銀行口座を開設したり株式投資をしようとする日本在住の日本人は増えています。海外投資への関心が高まっていることは確かでしょう。でも、相変わらず特定の情報に基づいて売り買いしているという印象は強いですね。日本人には人気があるけれど、香港人には人気がない株も結構あります。蓋を開けると日本人しか買っていなかったなんていう株もあるんですよ。だから、私は現場にいるからこそ得られる情報、日本株投資と違う香港独特の投資リスクや香港の独自の株式ルールなどを日本語で伝えていきたいと思っています。それが、私の存在価値だとも思いますし。

そのために私自身も現地の新聞を読み、街を歩くことで生の情報を吸収するようにしています。今は翻訳をしていた時よりも面白いし、やりがいもあります。このポジションで、もっと経験を積んでいきたい。社員は現在、一五人。少人数なので証券業務全体の流れもよく見えて、その流れの中で自分がどういう仕事をやっているのかが分かる。異業種から証券業界に飛び込み、ゼロからスタートの私にとっては、すごくいい環境ですね。

▲香港中文大学留学時代の友人たちと

同僚には台湾人もいますが、香港人が多いので、職場では広東語を使っています。大陸と台湾の証券会社の人と話す時には北京語になりますが。出版社にいた時は英語と北京語で仕事をしていましたので、最初は全然広東語が分からなくて、この会社に入ってから覚えました。こっちのテレビは字幕が出るから、字幕を見ながらこういうふうに表現するんだと勉強したり…。同僚たちも親切なんですよ、分からない言葉は聞けば紙に書いて教えてくれますから。

香港でいろんな人に接していると、「何なんだ、この人は」と腹が立つこともありますけど、どんな経験もやっぱり面白い。

自宅に取り立て屋が来たこともあります（笑）。前の住人の借金取りだったんですけど、どんどんとドアをたたくので、覗き窓から見たら茶髪のお兄ちゃんが立っている。ドアを開けたら、証文を見せられて「金返せ」って。なんと二ヵ所のマンションで経験しました。一回目は中国語で香港人宛てに取り立ての手紙が来たので、別人であることを強調しようと敢えて英語で「その人はもう住んでいません」と書いて送り返しました。それでも不定期に、「金返せ、連絡しろ」という手紙が来る。放っておいたら、ある日、真っ赤な字で「今月中に金を返さなかったら、お前の明日はないぞ」と大きく書かれた紙があって、さすがにぞっとしました。窓の向こうから監視されているかもとか、外で後ろからいきなり刺されたらどうしようって思いましたよ。すぐに大家から電話をしてもらって、ようやく人違いだと分かってもらいました。香港の人って簡単にお金を借りて、でもなかなか返そうとしない。私の家に取り立てに来たのも、借金はたかだか二〇〇〇香港ドル（約三万円）です。そんな社会にあって、日本人はちゃんと家賃も払うし、部屋もきれいに使う。ウソもつかないし人を騙さない。日本人の社員がいれば、会社の信用力にもなる。日本人であることは海外では価値があるんですよね。

香港は方向転換ができるところでもあります。香港人は履歴書をどんどん変えていく。大学を卒業しても、仕事をしながら勉強したり資格をとったりしてキャリアを積んでいく人も多い。私の友人で、まず公認会計士事務所に入って会計士の資格をとって、でも会計士は向いていないからと政府の官僚になった女性がいるんですね。それも面白くないと、勉強して今度は弁護士になっちゃった。もちろん彼女自身が優秀というのもあるんですけど、やる気と目指す分野のスキルさえあればそうやって自分の人生を自由に方向転換できる。香港は厳しい社会ですけど、寛容であり柔軟さもあるなと思います。

香港の人の考え方や行動を、日本と比較しながら見ていくと、香港の良さが分かったり、逆に香港を見て日本のことが分かったりもします。そうそう、同じ言葉でも解釈の違うものってありますよね。例えば、「時は金なり」。私たち日本人は、時間というのはお金と同じくらい大切なものだっていう感覚ですよね。香港では、時とはお金を作るものだという解釈です。時間とお金が対等な価値なのではなくて、時間がお金を作るものなんだと。そういう考え方の違いって面白いですよね。

中国への返還前後の変化ですか？　返還直前の香港はすごい変化でしたね。資本主義から、社会主義の国に帰っていく中で、いろんなことが駆け込み的に変わっていった。移民を決める人もいっぱいいたし、イギリス人の警察官も退職して本国へ帰っていく。香港が毎日変わっていきました。でも、返還されて四年くらいは、もちろん水面下では香港政府に対する中国政府の圧力はあったと思いますが、表面的にはあまり変化はなかった。それがここ三、四年で目に見えて変わってきています。どんどん中国化していて、中国の一都市になりつつある。イギリス領の時のほうが活気もあって良かったと思う。香港の社会を牛耳っている人たちは、大陸でのビジネスチャンスを意識しているんでしょうね、香港市民の気持ちを代弁するのではなく、中国政府の代弁者みたいになっていた時期がある。例えば、返還後のほうが香港には自由があるなんて平気で言うわけですからね。そういうのを見ると、失望します。そこまで中国寄りにならなくてもいいんじゃないかと。でも、私は香港が好きだし、香港の人も好きです。香港が変わっていく姿をこれからも見続けていきたいと思っています。

＊1　漢字では「中環」。香港の政治・経済の中心地。

4 広東語／北京語通訳・翻訳、語学講師
貞松謙一郎
SADAMATSU Kenichiro

「女尊男卑」の香港社会で奮闘中。でも、情熱は変わらない

一九六六年八月一一日生まれ　福岡県出身
東海大学文学部文明学科卒
【職業】フリーランス通訳・翻訳、香港大学専業進修学院講師
【留学歴】一九八六年一月〜三月　南京大学、八七年三月〜八八年三月　西北大学、九〇年九月〜九一年八月　香港中文大学
【香港歴】一九九〇年九月〜九一年八月、九三年三月〜
【休日】日曜日
【住居】2DK（五〇〇平方フィート、購入）に香港人の妻と二人暮らし

北京語の勉強を始めたのは中学生の時です。そうですね、変わった子供でした。

祖父が軍人で、父は中国山東省済南で生まれ、戦後日本に引き揚げています。父がまず市の中国語講座に行き始めたんですが、父の勉強する様子がTVで報道されまして単純にカッコいいなと思った。それに受験勉強より面白そうじゃないですか。で、僕もサラリーマンに混じって勉強を始めました。講師は北九州大の中国人の先生で、発

音をかなり厳しく教えてもらい、この時の勉強が北京語の基礎を作ったんだと思います。高校時代の三年間は独学で、ＮＨＫラジオ講座と、短波ラジオを使って北京国際放送や台湾の放送を聞いていました。中国語の勉強には余禄があったんです。脳が刺激されたみたいで、中学の時は成績が学年三〇〇人で二〇〇番台だったのが、高校三年になったら七、八〇番台になりましたから（笑）。

大学では中国語をやりたくて、工業高校から推薦で東海大学へ。最初の留学は南京大学で一九八六年に三ヵ月間。それから八七年三月から一年間、西安へ。その当時の西安では遊ぶといったらキャッチボールかチャリンコで城内散策しかない（苦笑）。城内に行けば、そのたびに必ず中国人にからまれる。その当時、西安には在住する外国人はあまりいなかったので、どうしても目立つ。お金をすられたり難癖をつけられたり、ビール瓶が飛んできたり。とにかく友好的じゃなかった。留学生はみんなストレスを抱えていて、僕もガリガリに痩せてました。そのうえ気候は、夏はすごく暑くて、冬はめちゃくちゃ寒い。

そんなわけで西安から脱出したくて、香港へ旅行したことがありました。大学一年の時に、中国語を勉強している学生の台湾訪問団の一員として台湾へ行ったことがあって、他大学の先輩たちと知り合っていたんですよ。香港で、その先輩に再会しました。

「中国一辺倒になっちゃダメだぞ。お前は英語ができないんだから広東語もやれ。世界は広いんだから、中国から一歩離れた視野も持て」

と言われました。当時、北京語を専攻する人間というのは、北京を中心に全てが回っているというふうに考える傾向があって、諌めてくれた。あまのじゃくな性格でしたけど、この言葉は素直に聞けましたね。休学中だったので大学に戻って卒業して、今度は香港を通じて中国を見ようと香港中文大学へ留学しました。帰国間際に、大学の先生に冗談で「誰か香港人の女性を紹介して下さい」と言ったら、すぐに紹介されて（笑）。その女性が、今の嫁さんです。

日本に戻り半導体の専門商社に入って、半年後にはシンガポールへ駐在。さらに半年経って香港へ転勤、戻ってきたのが九三年です。半導体で生きていくつもりはなかったので、香港に駐在して一年で退職して、別の日系商社に転職しました。この時は会社の立ち上げなどにたずさわりました。フリーで通訳・翻訳の仕事をするようになったのは九六年です。

フリーとしてのデビューは、大阪の経団連の仕事で、新華社通信の香港法人社長を訪問する際の通訳でした。翌年の九七年は香港返還の年だったので、朝日新聞の香港支局で専属通訳として働きました。ところが年が明けると、メディアの香港取材がぱたっと止んでしまった。メディア以外の仕事をそれほど持っていなかったし、営業に回ることもしてませんでした。これはヤバイぞと思って『香港ポスト』[*1]に広告を出してみたり、人材紹介会社に登録をしたりしました。それでも九八、九九年はそれなりに食えたんですよ。仕事が激減したのは、その後です。五、六万香港ドルくらいの大きな仕事がいくつか定期的にあればラクなんですけど、スポットで入っても年に一回くらいですからね。

その頃、以前から長年お世話になっていた先輩に勧められていた日本語教師の仕事を始める決心をしました。食えなかったからです。先輩に紹介して頂き、香港中文大学の校外課程で中級日本語の担当講師として採用してもらいました。カリキュラムは読解中心の内容で、日本語能力試験対策でした。学生のニーズに合わせているとはいえ、僕が北京語や広東語に対して感じた情熱とは異質のものでした。

プライドが高くて気難しい学生もいて、授業で僕が質問したことに答えられなかったからと、「赤っ恥をかかされた」とクレームレターを書かれたこともあります。香港の学校はすごいですよ、受講生がそういうレターをばんばん書きますからね。僕が教えた一年後に、上級クラスの作文の課題で、僕のことを尊敬できない先生と名指しされたこともあった。この時は大問題になって、あらぬ詮索も受けましたよ。香港の競争社会の厳しさというのか、いつ何時足元をすくわれるかもしれない怖さを知りました。

嫁さんが香港人で、こう言うのも何なんですが、香港の女性はエリート意識が強すぎる。自分が努力をしないから日本語が伸びないのに、自分のことは棚に上げて私の教え方が悪いと、責任転嫁されたこともあります。ムっとして辞めたいと思うこともありましたけど、家のローンもありましたし、嫁さんに対するメンツもあった。彼女は小学校の先生なんですけど、仕事をしながら学位をとって、ちょうど給料が三万五〇〇〇香港ドルまで上がったりしていましたからね。

クラス二〇人のうち男は二、三人で、あとは女性。女性は全体的にとても積極的な生徒が多かったですね。逆に、香港男性は、見かけは男だけど日本女性のような優しさがあって、人あたりもいいんです。

〝女尊男卑〟の香港に来て、煮ても焼いても食えないようなクレームの多いクレーマーOLたちに囲まれて、ストレスはたまるし、幸いハゲにはなりませんでしたけど胃の痛い毎日でした。この頃、実は仕事以外では引きこもり状態でウツウツとしていました。親しい友人たちが日本に帰ってしまったこともあったし、本来の通訳の仕事が減っていたというのもあった。ストレスを吐き出せなくて不完全燃焼で、暗中模索どころか富士山の樹海に入りこんでコンパスもきかないような状態でした。

そんな時のクレーマーOLたちですからね、ストレス倍増だったんですけど、一方でめらめらと闘争心をかき立てられました。教師の仕事が好きだと分かったし、どうせ教えるなら日本語ではなくて、自分の好きな広東語や北京語を日本人に教えたいと思ったんです。香港OLたちからの謂《いわれ》ないクレームにはムッともしましたけど、ちゃんと日本語を教えてやれてないという反省もあったんです。「先生は私の質問に答えていない」とずばっと言われたことがあって、これには参った。質問の意図が分からないんです。彼女の質問の仕方も悪かったと思いますが、日本語教師としての経験がないこともあって何が聞きたいのかを分かってやれなかった。北京語と広東語なら自分もたどってきた道だから、生徒さんの悩みやつまずく部分も分かりますが、日本語クラスでは教師としてそこまで理解できませんでした。

ちょうどその頃、香港大学の社会人を対象とした履修課程、専業進修学院（SPACE）[*2]で日本語を教えないかという話が舞い込んで、二〇〇〇年から日本語クラスを受け持つようになりました。その後、企画書を書いて香港大学に持ち込み、イギリス人マネージャーを前に自分の構想を中国語でプレゼンテーションしました。

日本人向けの北京語クラスと広東語クラスを担当することになったのは、二〇〇三年からです。今は月曜から土曜日までクラスが入っていて、午前中は主婦、夜はビジネスマンや働いている女性が受講しています。広東語よりも北京語クラスのほうが人数は多いですね。最近は香港駐在から上海駐在になって引っ越される方もいるし、香港の駐在員は皆さん広東省へ出張に行かれますから、どうしても北京語需要のほうが多いです。

香港人は面白くないと思えば露骨につまらなさそうな顔もするし、クレームも出す。逆に日本人は、

▲日本人だからこそできる教授法を確立したい

たとえ面白くなくても、先生に悪いからと一応聞いているふりをするでしょ。本音は分からないから、それも怖いですよ。楽しそうに授業を受けていると思っていたら、忽然と教室から消える人もいて、気になりますね。教師にとって一番辛いのは、授業が面白くないと言われること。香港大学のＳＰＡＣＥでは生徒さんに教師や授業内容の評価に関するアンケートを配るんですが、「授業に関係ない話が多すぎる」と最近書かれまして、こたえました。二時間半の授業で、教科書だけしか教えないのはつまらないし、街ネタを話すことで中国や香港のことを知ってほしいと思っているからなんですが、それを楽しみにしてくれる人もいれば、そうでない人もいる。語学を学ぶ時、教師の存在は大きくて、教師によってその言語を嫌いになることもあります。嫌われることを恐れていては何も始まらないですが、僕のせいで北京語や広東語を嫌いにはなってほしくないと思いますね。

「日本人でもここまで中国語が話せるようになる」という身近なモデルとして中国人講師にできない発音指導

法を日々考えています。生徒さんの悩みは他人事でなく自分の悩みでもあったわけですから、そういった部分も今後の教学活動に生かしていきたいと考えています。

日本人に教えるようになって思うことですが、最近、電子辞書を使う人が増えていますよね。余計なお世話ですけど、語学を学ぶには電子辞書じゃないと僕は思っています。辞書を引くなら、電子より紙のほうが早いですしね。何か疑問に思ったら、すぐに辞書を引く。一度引いたものには、印をつける。それでも覚えられなくて、また引くでしょ。何度も引けば必ずその言葉を覚えます。辞書は、消耗品なんですから。しまいにはぼろぼろになって、破壊するまで使うんです。こんなことができるのも紙だからで、辞書をキレイに使うなんて、もってのほかです。

辞書に載っている例文や、それを参考にして作った文章を、街に出て使ってみるといいですね。「通じた」と思える小さな感動を積み重ねていく。北京語も広東語もそうですが、中国語は勉強するのに最適な言語ですよ。中国人はいい意味でお節介でしょう、私たちが質問すると億劫がらずに教えてくれるじゃないですか。「そんな言い方はしないよ」と言われたら、どういうふうに言えばいいのって聞くんです。彼らは親切に教えてくれます。それと、外国語の能力というのは、母国語以上にはうまくならないもの。普段からいろんな人に会って話して、感性を磨いて表現力をつけていくことが大切です。

今も、通訳・翻訳の仕事は続けていますし、教師と並行してずっと続けていきたい。日本から毎月来られるバイヤーさんもいますしね。

広東語と北京語のどちらを使うかといえば、広東語が圧倒的に多くて、今は九対一くらいです。嫁さんとも知り合った頃は北京語で話していたんですがね、その後広東語に変わりました。彼女は京都に留学したこともあるし、日本語が話せるんですが家庭内言語は広東語になっています。いつか日本に帰るかもしれないから、僕としては彼女には日本語も使ってもらいたいんですけどね。

嫁さんに言わせると、北京語を話す僕のほうがインテリに見えるそうです。歯切れも良くて、優しい感じもすると。日常的に使っているのは広東語なのでボキャブラリーは多いですが、汚い言葉も覚えてしまっていて、それがどうもイヤみたいです(苦笑)。妻の家族とのつきあいは日本に比べるとかなり濃い。うるさいと思うことも、ほっといてくれと思うこともあります。でも家族は選べないですから、逃げられない。結婚してもう一二年、香港人との結婚を考えている人がいればいつでも相談に乗りますよ（笑）。

いつかは自分でハンドリングできる学校ができればいいなぁ。福岡と香港の両方に作れたら、行ったり来たりができて最高ですね。その手始めにテキストを作りたい。特に、広東語のものを。北京語の教材はどんどん増えていますが、広東語はあまりないんですよ。中国の大学院に行って、学位をとるということも考えています。北京語から始まって、広東語に広がり、中国語の世界を追いかけて二〇年以上ですが、情熱は今も変わっていません。魅力的な中国語の世界を伝えていきたいと、ますます思うようになった。これも、あのクレーマーOLたちとの辛い日本語クラスでの日々のおかげですね（笑）。

＊1　香港で発行されている日本語週刊新聞。
＊2　SPACEはSchool of Professional And Continuing Educatio の略。

コンサルティング会社社長

5 山下美佐子

YAMASHITA Misako

さまざまな国籍の人がいる。外国人でもハンディなし

一九七一年七月十七日生まれ　大阪府出身
大阪府立大学大学院経営学修士課程終了
【職業】Be4 Solution Limited／山下美佐子不動産顧問事務所代表
【留学歴】一九九六年九月〜九七年七月　香港中文大学
【香港歴】一九九六年九月〜
【休日】不定期
【住居】週日／九龍の2LDKマンション（七五〇平フィート、一万六〇〇〇香港ドル）、週末／郊外のビレッジハウス（七〇〇平方フィート＋屋上、購入）

コンサルティング会社を経営するようになって六年になりますが、そもそも香港へは留学生の身分でやってきました。大学院の同級生に台湾など北京語を話す人たちがいて、中国語圏に興味がわいたんです。ロータリー財団の奨学金を得ることができたのですが、実は台湾が第一志望でした。でも、それがかなわなくて、ちょうど空きのあった香港中文大学へ来ることに。

留学が終わりに近づいた頃、せっかく海外に

いるのだからいろいろなことが経験したくて、日本語教師をやってみたり、といくつかアルバイトをしました。その中に、立ち上げ間もない芸能関係の会社があって…。知り合いに紹介されて会社を訪ねてみると、二畳くらいの部屋で、そこが事務所兼社長の家でした（笑）。お給料も出せないような会社でしたけど、このビジネスには可能性があるなと感じて、学校へ通いながら無給で働きました。留学が終われば日本に帰るつもりでしたが、香港という街や仕事が面白くなってしまって、結局残ることに。そうはいっても、この会社はまだ登記も終わっていなかったですから、別の日系企業に就職をして、夜は芸能の会社の手伝いをするという時期がしばらく続きました。

日系企業で最初の就労ビザを取得しようとした時に、「あなたのビザ申請は、条件的にいって通りにくいだろうね」「いったん帰国して、経験を積んでから来たほうがいいよ」と、周囲の人から言われました。中国へ返還前で景気のいい時期ではあったんですが、私に就労経験がないこともあったし、学生ビザから就労ビザへの切り替えは当時まだ難しいと言われていたからです。でも結果的には、就労ビザを取得できました。この時思いましたね、人の言うことや噂をうのみにしちゃダメだって。自分だけは「できる」と信じてやらないといけない。これが香港へ来て最初の教訓になりました。

その後、芸能関係の会社を本格的に展開していくために登記することになり、日系企業は退社。私もいくらかの出資をしまして、さらに法務的な申請事務を担当することに。今まで法務にたずさわったことがないので手探りで進むしかない。この時も外野からは、そんな不安定な状態で登記できるわけがないし、投資ビザ[*1]だって取れないと、さんざん言われました。ビザ取得を代行するエージェントへも何社か電話をかけて尋ねましたが、面談さえしてもらえない。「そんな条件ではムリです」の一点張りで、お金もあまりないのに嬉しくってラルフ・ローレンのコートを買っちゃった記憶がありますから（笑）。ビザが下りたのは約三ヵ月後。旧正月前あたりだったように思います。ちょうどバーゲンセール中で、投資何度も通いましたよ。たぶん五、六回は行ったのではないでしょうか。書類を作成しても一度ではパスせず、国管理局）に飛び込むと、担当官が親身になって聞いてくれました。正式に会社登記が終わり、門前払い。でもビザスポンサーだった日系企業は辞めているから、何とかするしかない。イミグレ（入

しばらくは芸能関係の仕事に没頭しました。日本のタレントを香港へ呼んだり、逆に香港の芸能人を日本へ連れていったりといった興行です。私自身がCMに出演したり、日本の映画に出たこともありました。そのほか、貿易や芸能関係に付随しての情報のプロバイダーや広告エージェント的な仕事もあって、楽しく働いていました。でも、私も出資しているとはいえ会社を興したのは社長です。そのうちに私も自分で何かをやりたいと思うようになって。じゃあ何ができるかと考えると、法務的な仕事でした。

その少し前から、独立したいという友人や、ビザのステータスチェンジをしたいという人の相談に乗るようになっていました。周囲からムリだと思われていたビザを私が取得をしたことを知っている友人や、その友人たちです。「書類はこう作って」とか最初はアドバイスだけをしていたんですが、そのうちに「お金を払うから、書類も作って。全部やってほしい」と言われるようになって、いつの間にか法務コンサルティング的な仕事も請け負うようになっていました。それで芸能関係の会社の子会社として、まず独資公司を設立。二年後の二〇〇二年に有限公司として、今の形になり完全に独立をしました。

ほかのビザ・エージェンシーだったら断るような、取得ギリギリのラインの人でも請け負ってきまし

たよ。私自身がビザで苦労をしたので役に立ちたいという気持ちもありますし、熱い思いを語る人を見ると応援したいと思ってしまう。他社の場合、窓口には日本人スタッフがいても、実際の書類の作成といった実務は香港人スタッフがやることが多いんです。だから、一連の作業の中で多少のコミュニケーションギャップが生まれても当然ですよね。でも、うちの会社では私が窓口業務をし、実際の書類作成も行ないますから、申請者側のことも、イミグレが要求していることも双方の事情が分かります。だから、ギリギリのラインだとしても、人物を判断したうえで請け負うことができるんです。

例えば、オモチャを作りたいとやってきた人がいましたが、資金といっても数十万円しか持っていない。学歴も確か高校中退で、条件としては良くない。でも、夢をすごく熱く語る人だったので、応援したいと思いました。まず二六〇〇香港ドルで作れる無限公司を設立、ビザが取れるようにビジネスを進めさせることにしました。具体的に何が作りたいのかを聞き、広東省へ行こうとアドバイスをし、同行して工場と契約をさせました。契約書があれば、もう商売が始まりかけているとイミグレが判断するので、アドバンテージがつくんですね。こんな具合に、しっかりとしたビジネスプランをまとめていきました。私自身も、保証人にもなりましたし。彼のビザですか、もちろん下りましたよ。しばらくして、日本での営業を重視する必要があるというので、今は日本に会社を作って、頑張っているようです。

困っている人を見ると、何かしてあげたくなるんですよ。だから、韓国人の知り合いにお金を貸したこともありました。「お金は貸しちゃいけない。貸したら、もう返ってこないと思いなさい」と母からよく言われていたんですけどね。すごくその彼女が困っているのが分かっていたし、彼女を紹介した人物には世話になっていたので、約一〇〇万円貸してしまいました。戻ってこなくても仕方ないと思うんですが、一方で返ってきたら助かるなとも思う。半年くらい音沙汰がなかったんですが、結局彼女はお金を返しに来てくれました。「本当にありがとう。返す目途が立たなくて電話ができなかった。困っていると私が言った時、すぐに飛んできてくれたのはあなただけだった。この恩は一生忘れない」と言われました。今は逆に、私が彼女から助けてもらうこともあって、有難く思っています。

当初はビザ関係がメインだったのですが、今はカンパニーセクレタリーが主要業務です。日本にはない制度ですが、香港では登記されるすべての会社にカンパニーセクレタリーの任命が義務付けられていて、会社設立時の書類作成、登記所への提出、毎年の年次報告書提出などを行ないます。常時、約三〇社の会社管理をしています。日本在住者のペーパーカンパニー的なものもありますが、香港を足がかりに広東省への進出を考えている会社もあります。そういう場合は、ビザ申請のお手伝いやその他の登記業務などにもかかわりますし、広東省で工場を探しているという方がいれば同行し、北京語通訳もする。不動産業者の免許も私は持っていますので、事務所を構える場合には物件を探して紹介をしたりと、トータルなコンサルティング業務を行なっています。ビザやカンパニーセクレタリーまでなら扱うところはたくさんありますが、不動産物件までやる会社は、うちくらいでしょうね。

不動産の免許を取得したのも、いわば成りゆき（笑）。もともと不動産物件を見るのが大好きでしたし、不動産屋さんの友人もいたんですね。クライアントの中には先ほども言いましたように、事務所物件を探している方もいます。これはニーズがある、と思いました。ただ、ライセンスがなければ、紹介をしたとしてもコミッションは発生しない。ならば、ライセンスを取ればいいじゃないかと思って、試

▲週日は繁華街に身を置くが、週末は田園風景の広がる郊外での暮らしを楽しむ

験を受けました。試験のことを教えてくれた人はまさか、私が本当に取得できるとは思っていなかったと思いますよ（笑）。

まず、セールス・パーソンの免許を取ったんですが、取得した後で、どこか不動産会社に所属しなければいけないことを知りました。今の仕事を続けながら、不動産の仕事もしていくためには、さらに上のエージェントの資格がなければダメだということが分かったので、ならば取ってやろうじゃないの、と思ったわけです。英語の教材が手に入らなかったので、中国語の教材を買って勉強しました。

自分の会社を設立した当初はまだ若いですからね、規模が大きく見えるように背伸びをしていました。こんな若い女性がやっていて大丈夫なのかという顔をされたこともありましたし、「責任者を出して下さい」と言われたこともあります。今はいくらか年齢も重ねたので、そんな心配を抱かせることも少なくなったようです。最初にお会いした時点で、私が代表であること、自分の経歴をきちんとお伝えするようにしています。そうすると、好印象を持って下さる方が多いですね。

でも、私は日本で働いた経験がないでしょう。日本のビジネスマナーを知らなくて、勘違いしてしまったこともよくありました。「検討します」って日本人はよく言うでしょう。私、それを信じてずっと待っていたんですよね。遠まわしに断られたことに気づかなかったり。それって、もう外国人の感覚ですよね。今はずいぶん分かるようになりましたけど、まだ期待している自分が時々います（苦笑）。

起業する前は芸能関係の仕事だったので、どんな服装でもOKでした。仕事さえきちんとしていれば、外見で評価が変わることはなかった。でも今はそれでは通用しません。お客様に安心して頂くために、落ち着いた女性に見えるよう黒かグレーのスーツしか着ません。といってもスーツは私にとって制服のようなもの。デスクワークをしている時はラフな格好で、クライアントに会う前にオフィスで着替えるんです。このクローゼットにスーツやブラウスなどが入っていまして…。だって、蒸し暑い香港で、三〇分しか必要のないスーツを家から着てくるのなんて苦痛だし、ナンセンスでしょう。

私にとっての香港は、自分を解放してくれた場所です。一人っ子なので過保護な親のもとで育ちました。外科医だった父からは、歯医者になるんだと小さい頃から言われ続け、親の期待に応えようとしてきました。でも、高三の時に理系から文系に勝手に進路変更。親は見放したのかずいぶん干渉しなくなりましたが、日本にいる限りは足かせもある。留学したのは親から逃げたい気持ちもあったんです。

芸能関係の会社を立ち上げた社長からは、非常に刺激を受けました。同世代なんですが、こんな人がいるのかと本当に驚きました。ハチャメチャなんですもん。ギター一本と革ジャンに、日本で稼いだ一〇〇万円だけを持って香港に来ている。いつもルールに縛られてばかりいた私にとっては、有り得ないような人でしたね。でも周囲がムリだと言ったことでも、彼は口にしたことは実現していく。香港人にも、そういう独立心やルールに縛られない柔軟さがあるんですよね。私はそれまで、ダメですムリですと言われれば、すぐに諦めてしまう人間でした。自分で自分を縛っていたんだと思います。でも、最初のビザの一件で、周囲がムリだと言っても実現できると分かって、そこからうまく転がり出しちゃったようです(笑)。今は、決めたら動く、というスタイルです。仮に失敗したとしても、また稼げばいいじゃないですか。もしも今、お金もなくなって助けてくれる人がいなかったとしても、会社を作って、今以上に稼げると思いますよ。またゼロから始めても、食べていく自信が私にはあります。

会社の方も少し余裕が出てきたので、今後は香港で起業を目指す若い方の育成に力を注いでいきたいですね。私を見ても分かるように、香港でビジネスをするのに多額な資金やコネなんて必要ない。自分で「これだ!」と決めたら、突き進むのみ。香港はスモールビジネスを始めるためのインフラが整っていますし、さまざまな国籍の人がいるので、外国人であることのハンディも感じさせません。将来は、香港を本拠地としながら、いろいろな国を渡り歩きたいですね。その頃には、場所を選ばずに仕事ができるようになっていると思うんですよ。香港政府は書類の電子化を進めていますから、特に今やっている仕事なら、香港の情報がいつも手に入るようにしておけば、どこででもできることですからね。

＊1　詳しくは、インフォメーションページ・ビザ、三二一ページを参照。

英語で働く

——英語事情——

香港ビジネスの第一線で働こうと思うなら、求められるのは高い英語力。最近は大陸との往来が緊密化し、北京語需要が高まっているとはいえ、よほどの北京語力がある人ならいざ知らず、英語力がまずあっての北京語である。広東語も同僚とのコミュニケーションを円滑にしていくために話せるに越したことはないけれど、英語を補完するという位置づけだ。アジアの中心的な場所に位置し、香港や中国大陸だけでなく他国とのビジネスも活発なだけに、香港では英語力がないと、ビジネスチャンスの可能性を逃すことにもなりかねない。

さらに、中国大陸に比べて就労ビザの取得が難しい香港で働き続けるのは、豊富な経験とスキルがあって可能な話だ。英語編に登場する六人はいずれ劣らぬ個性的で、その道のエキスパートばかり。

世界のカクテルコンテストで数々の賞を受賞したホテルマンは四〇代を目前に日本を飛び出し、香港スピードに乗って短い期間でバーをオープン。アジア諸国に駐在後、長年の夢だった起業を果たした貿易会社社長もいれば、香港人や在住日本人にゴルフをコーチしながら、自身を鍛錬する日々を送るレッスンプロもいる。さらに、さまざまな国の人たちと伍して働く在港歴一〇数年となるキャリアウーマンに、香港のミュージック・シーンを変えていく存在になりたいと意気込む音楽プロデューサーと、多士済々。

そんな面々も香港ビギナーの頃には、香港人の徹底した個人主義やプライドの高さに戸惑い、怒ることもあったし、逆に厳しい競争社会の中で自身の甘さにへこむこともあったはず。予測のできない事態をいくつも乗り越えながら、いかにしてタフかつポジティブでユニークな日本人ができあがっていくのか——。それぞれの物語の中から見えてくる。

外資系法律事務所勤務

6 安保裕恵

AMBO Hiroe

中華民族の交渉力はものすごい。メゲないタフさを身につけた

一九六一年八月一五日生まれ　東京都出身
ロンドン大学通信教育課程・経済学部中退
【職業】外資系法律事務所　日本企業担当
【留学歴】一九八五年〜八八年　台湾師範大学国語中心
【香港歴】一九九〇年九月〜
【休日】隔週土・日曜日
【住居】2LDK（七七六平方フィート、六〇〇〇香港ドル）

[*1]ランタオ島のディスカバリーベイに住んでいまして、香港島までフェリーで通勤しています。オフィスまでドア・トゥー・ドアで四〇分。フェリーの中は私のもうひとつのダイニングであり、バーのようなもの（笑）。朝はパンと珈琲とバナナを買い、夜は風に吹かれてビールやカクテルを飲むこともあります。

一九九五年からずっと外資系企業で働いておりまして、一〇年間は会計事務所に、二〇〇五年からは今の法律事務所に勤務しております。この会社は一五五年前に、イギリス人が香港で興した法律事務所でして、歴史も規模もある会社です。私は会社設立、カンパニーセクレタリー、ビザ申請代行、知的財産権、遺産相続などの各業務に関してのコーディネーションをしております。在香港の日本企業や在日本の企業と弁護士のいわば橋渡し役ですね。以前の会社と違って、案件によっては私自身も英語での書類作成を任されておりますので、英語のブラッシュアップの必要性を痛感しています。今の会社に転職してから辞書も新たに買いなおしましたし、ＯＪＴ（オン・ザ・ジョブ・トレーニング）で英語を勉強しなおしているという感じですね。法律に関することですので、今まで以上に正確さ、厳密さが求められていまして細心の注意が必要です。やりがいはとても感じているのですが、やりがいがあるということは同時にストレスも大きくなるということなのですよね。

また、最近は特に香港を拠点に中国進出という企業が増えていますので、以前と比べると業務がより細かく、また幅広くなってきていますね。香港オフィスの従業員数は、約五〇〇人。出身は香港、イギリス、オーストラリア、ニュージーランド、アメリカ、日本…とグローバルです。

香港人とうまくやっていくコツですか？　そうですね、何かお願いするにしても、一から一〇までしつこいと思うくらいに説明する。それでやっと自分が期待している七、八まで理解してもらえますから、はっきりモノを言うことは大切です。ただ、香港人は他の中国系と同様にメンツをすごく重んじますので、たとえ相手のミスだということが分かっていたとしても、追い詰めるような責め方をしたり、言いすぎてしまうのは良くありません。しかし私は結構短気なので、お客様の意向を理解しようとせず自分の立場だけをごり押しする香港人を、かなり責めてしまったことがあります。メンツはぎりぎりつぶしていないと思うんですけれど。少し関係がぎくしゃくしましたが、後にひきずらないようにと、私から「元気？」とか「ゴハン、食べた？」とか常に声をかけるようにしています。相手のメンツを損なわず、はっきり伝えるというのは難しいことですね。ただ、香港人の重視するメンツはストレートなんです。同じ中国系でも、台湾人はある意味日本的で物腰が柔らかいけれど、分かりにくい面もある。そう考えると、私は香港人とのほうが仕事はやりやすいですね。

　日本人に関しては、香港人に対してのようにはストレートには言えません。日本を出て長くなったせいか、香港人との摩擦というよりも、対日本人のお客様での失敗のほうが多いくらいです（苦笑）。お客様の中には、例えば事業立ち上げにしても「全てをお任せします」という他力本願な方がいらっしゃいます。専門家なので全部そちらでやって下さいと言われても、お客様のニーズをはっきりして頂かないと、物事は進みません。「よしなに計らって下さい」とかおっしゃいますが、その「よしな」って何ですか？ということなんです。分からないことがあるのなら、質問して下さればいいのにお聞きにならない。こちらから、あれはどうですか、これはどうですかと言ってくれるのを待っている。これは年代の問題でもなくて、その方がいらっしゃる会社のカラーでしょうね。日本ではそれで通用するのでしょうが、「ここは香港ですからこんなやり方では動けません」と説明するしかない。はっきりと言うにしても、もちろん言葉を選んでいるつもりなんですが、日本の男性にとってはインパクトが強すぎるようです。「もう少しお客さんに優しくして」と上司から注意を受けることもあります（苦笑）。

　日本の男性の中には、女性をなめてかかっているというか、女性の話は聞きたくないと頭から思っている方もいらっしゃいますね。かえって日本のお客様への対応のほうがストレスになるんです。

父の転勤で、小学五年から中学を卒業するまで台湾で過ごしました。高校受験のために帰国し、日本にいたのは二三歳まで。両親は今も台湾におりますし、私もほとんど日本には行くことがなくて、帰るというと台湾になるんです。日本では、電機メーカーの海外営業部門で働いていました。アシスタント業務でしたが、面白い仕事をさせてもらっていたほうだと思います。あの当時の企業はすごく保守的でしたから、どんなに重宝されても女性であることや学歴の壁というのがあって、仕事の範囲に顕著に差が出てくる。そういったことを目の当たりにして、やってられないと思って辞めちゃったんです。でも、日本で働いて良かったと思うのは、雑務の勉強ができ、社会人としてのマナーを身に付けられたことです。外資系では一つ一つ教えてくれるなんてことはありませんからね。

東京の水にも合いませんでした。見かけで判断されがちだったり、女性であるということで無言の圧力も感じました。あれをしちゃいけないとか、こうするべきだとか…。単刀直入にものを言う性格もあまり受け入れられていなかったようですし、居心地は良くありませんでした。海外営業部門で働く中で、語学の大切さは感じていましたし、私の性格としても語学をもっと勉強したほうが向いているだろうとも思いまして、台北へ留学したんです。小中学校時代に日本人学校で北京語を習ったといっても週に一回で、ほとんど話せませんでしたから、この留学で本格的に勉強しました。

台北ではいろいろな仕事をしましたよ。留学中のアルバイトではホテルのビジネスセンターや日本語教師。フルタイムでは日系の証券会社、インテリアの設計会社で働きました。

香港へ来るきっかけは、台湾で結婚をしまして、その相手が香港で就職をしたのについてきたから。相手はイタリア人で、二人の共通語は英語と北京語でした。香港では初めの二年間は働かず、広東語を勉強したり、ボランティアをして過ごしました。でも、もともと専業主婦に向かない性格なんでしょうね、二年やったらつまらなくなってしまって。相手も、家事ならお手伝いさんを雇えばいい、社会にもっと接点を持ってほしいという考え方の人でした。

人材紹介会社に登録をして、日系の会計事務所で今と同じような立場で仕事を始めました。全く知らない分野でしたが、イチから教えるからと言って頂いたので、これは面白そうだなと思って。二年働いて、その後しばらく仕事を休み、ロンドン大の通信教育課程で勉強しました。でも私の性格上、人の収入で自分のものを買うというのがどうしても居心地が悪くて、勉強と両立できそうなので仕事も始めようと思ったんですね。ちょうどその時に、以前の会社でアルバイトの口があると友人から聞き、その後フルタイムで働くようになったんです。結果的には、日系の同業で働いていたことが評価されたんだと思うんですが、まぁ、運が良かったということです。

香港での面接で必要なこと？　そうですね、この会社に自分が入ったら何がしたいか、どのような形で会社に貢献できるか、をはっきりとしたビジョンを持って面接担当官に言わなければならないこと。そこが、日本の会社の面接との一番大きな違いです。

私も、香港で初めて就職活動をした時はそうしたことを知らなかったんですよ。最初に受けたのはフランスの会社で、日本人向けの営業のポジション。その会社の製品が好きだというだけで私は何も考えずに面接に行って、「君はこの会社に来たら何ができるの」と聞かれて…。まさかそんな質問がされる

▲多国籍な仲間とチームを組むドラゴンボート

とは思ってもいなかったので、答えることができませんでした。

プライベートでは少し前まではドラゴンボートに熱中していました。始めたきっかけはいい加減で、友人からレースに出るのに人が足りないと頼まれたからなんです。私は筋力もないので、筋力だけのスポーツなんてできないって断ったんですよ。でも、仕方なく参加したら、ハマってしまった（笑）。ドラゴンボートの魅力は、頭が空になって漕げるということ。チームスポーツなので、いろんな国の人間と一体感を持って漕ぎぬけるという達成感は何とも言えません。自分の肉体の限界にもチャレンジしたくて、続けてきました。陸トレは週に一回、あとは個々の筋トレ。体を作っていくのは楽しい時間です。

実は、一時期すごく太っていたんですよ。今より一二キロも。結婚した当初から運動をあんまりしていなかったのと、九九年に正式に離婚したんですが、離婚云々でストレスもたまって。医者からも体重を落とすように言われまして、栄養士さんにアドバイスをもらいながら痩せるよう努力をしていました。体重も落ちて、これなら大丈夫だろうと言われた頃に、ドラゴンボートの声がかかったんです。

何でもやればできるということをひしひしと感じています。世代的には守りの態勢に入ると思うんですが、もっといろんなことに挑戦したいと思わせてくれたのはドラゴンボートだったと思いますね。その後アウトリガーカヌー[*2]もやりましたが、今は仕事が忙しいこともあって、一人でトレーニングをしたり、週に一度パーソナルトレーナーについて体を鍛えるという感じです。

今の会社は働きやすいほうだと思っています。完璧な職場なんてどこにもないですし、今の状況に満足しています。ただ、私自身は弁護士ではないですから、正直限界というのも感じています。法律の学位取得を目的とするのではなく、大学で法律を専攻してみようかということも考え始めてはいるのですが…。限界を打ち破るような職場というか仕事があった時には動くこともあるかもしれません。業種にあまりこだわりはなくて、いずれにしろコーディネート的な仕事が向いていると思いますので、その方向性になるでしょうね。語学が好きですから、いろんな国の人とコミュニケーションをとっていけるというのもあるし、アレンジングしていくということが好きなんですね。

今はビジネスの場では日本人以外とは英語でコミュニケーションをとっています。生活の場面では広東語を使いますが、私の広東語はビジネスレベルではありませんから誤解が生じてはいけないので、香港人に対しても英語を使います。北京語ですか？　残念ですが、あまり使う機会はありませんね。大陸の案件も増えていますし、以前の会社にいた時よりは北京語を使う機会は少しは増えましたが。香港でも北京語需要が高まっているのは事実です。会社が、北京語の先生を呼んで少人数のレッスンをしてくれていますので、私も週に一度参加しております。

しばらくは香港で暮らしていくと思いますが、一生はイヤですね。人生の半分以上を中華民族の社会の中で過ごしているにもかかわらず、私はどうもあんまりこの社会に合わないんですよ（苦笑）。ただ影響を受けてはいて、中華民族化している部分はあります。何を言われてもメゲないタフさは香港で身につけられたんだと思いますし、交渉力も中華民族から教えてもらったことです。彼らの交渉力ってすごいですものね。向こうの交渉の仕方を見て、「あー、この部分を突けるんだ」とか、「こういう突き方もあるんだ」と真似をしながら覚えていきました。

香港に一生いないとなると、次はどこへ行くのか。それが課題です。台湾は懐かしい場所ではあるんですが、住む環境としてはあまりいいところではないですから。インフラ面や大気汚染の問題もありますし、交通事情もひどい。日本ですか？　もっと年齢を経ていけば、もしかすると恋しくなるのかもしれませんが、今のところ選択肢には入っていません。比較の問題ですけど、日本よりは香港のほうが居心地がいい。住んだ中では香港が一番ですね。ヨーロッパへ行きたいかな、大人の街、常識が通じる街に住みたいんです（笑）。

＊1　中国名は、大嶼山。香港島西方に浮かぶ香港最大の島。北部には二〇〇五年九月に香港ディズニーランドがオープンした。

＊2　安定性を増すため、通常のカヌー本体の片脇あるいは両脇にウキをつけたもの。

貿易会社社長

⑦ 川崎友也

KAWASAKI Tomoya

人がやらないことをしないと面白くない

一九六九年二月二一日生まれ　兵庫県出身
国立明石工業高等専門学校土木工学課卒　米国ペンシルバニア州立テンプル大学国際経営学部卒
【職業】アジア健康堂（亜細亜健康堂有限公司）代表取締役社長
【留学歴】一九九〇年五月〜九四年五月　米国ペンシルバニア州立テンプル大学
【香港歴】二〇〇〇年八月〜
【休日】日曜日
【住居】2LDK（七五〇平方フィート、約一万香港ドル）に妻と娘の三人暮らし

社名のアジア健康堂のとおり、中国やタイなどのアジアの健康食品や健康グッズ、アジアンコスメの個人輸入代行をやっていまして、そのほかに、商社や通販会社などへの卸し売りやOEM企画、香港での卸し売りもやっています。具体的には、中国漢方の糖尿病や癌などの薬、育毛剤や精力剤、シワ・シミに効果があるといった美容関連商品などです。化粧品を扱っている関係で、化粧品回りの商品もからんでくるので、化粧ケースや

ポーチ、商品袋、名刺入れ、各種ノベルティ商品などを中国の工場に作らせて日本に輸出するといった仕事もやっています。中国のものは大手なら直接安く購入できるかも知れませんが、中小企業さんにはなかなかできない。流通の段階で日本と中国のそれぞれの業者が複数入ってくるので、高い値段で買わざるを得ない。それを代わりに僕が引き受ける。僕は直接広東省の工場へも行くので客の細かい要望も伝えられるし、コストも安く済ませられるというので喜んでもらっています。

実家は土木建築業で、四人兄弟の長男として必然的に家業を継ぐものと、高専の土木工学科に進学しました。学校は授業料も安くて、技術力が身に付くと地元で結構評判の良い学校でした。でも、中学の時から英語が好きで、高専に入ってからも英語と体育だけは成績が良かったんです。長い休みの時は実家の手伝いをして、普段は家庭教師や塾でバイトをして貯めたお金で英会話学校に行ったり、ボランティアで姫路城に来る外国人観光客のガイドなんかもしたりして、自分なりに英語を使うようにしていました。「好きこそ物の上手なれ」と言いますけど、この頃から将来は英語を使って外国の人たちと商売をしてみたいと強く思うようになったんです。高専卒業後は結局、両親に頼み込んで憧れ続けたアメリカの大学に進学させてもらいました。

英語を勉強したうえで、アメリカで流行っているものや日本にはない良いサービスを日本に紹介したり、逆に日本では流行っているけどアメリカでは知られていないものを持っていけば商売になるんじゃないか。自分では「タイムマシン・ビジネス」って呼んでるんですけど、そんなことを高専の頃から漠然と思っていました。

健康に関心が向いたのは大学生の時で、空手をやっていたからです。アメリカ人ってデカいでしょう。こいつらに勝つためには俺もデカくならなアカンと思って、毎日バナナと牛乳とプロテインを混ぜて飲んでました。そのほかに、これはいいぞと知り合いから聞いたものは、片っ端から試していきました。例えば、マラソンや水泳の選手が飲んでいるというスタミナ増強のサプリメントとか、腰痛克服のために競馬の馬に塗る薬とかを使ってみたり。マッサージ機オタクなので、ありとあらゆるマッサージ機も試してますよ（笑）。アメリカは当時から健康志向の人が多くてサプリメントの先進国なので、当時の日本にはなかったようなものがいろいろあったんです。この頃に、人に喜んでもらえる健康関係のものを扱いたいと思うようになりました。

空手の試合には実際に相手と対戦する「組み手」と、敵を想定して演舞する「型」があるんです。九二、九三年と全米学生空手選手権の個人「型」の部で優勝しました。「組み手」は三位どまりでしたけど。アメリカは四年制の大学を卒業すると、留学生にはプラクティカルトレーニングのビザが出ます。卒業後はそのビザを取って、ＭＣＩという電話会社で働きながら、空手の練習に明け暮れました。九四年には東海岸エリアの選抜チーム代表選手に選ばれて、成年男子団体の部で全国優勝。全米代表候補にもなったので、アメリカで空手を続けていきたい気持ちはありました。でも、アメリカに来たのは商売をやりたいからだったと初心に戻って、帰国することにしました。

その時点で、もう二五歳。将来的に商売をするためには、いったん日本の会社で勉強しないとダメだなと思ったんです。日本の会社は新人教育をしてくれますけど、アメリカの会社には日本のような教育システムはありません。日本で新卒として採ってくれるのも二五、六まででしょう。それで帰国を決めました。

人材派遣のパソナに入社したんですが、当時ヨーロッパのブランドを直接仕入れて、日本でも現地と同等の安い値段で販売する部門があって、そこへ行きたくて実は入りました。結局、希望は通りませんでしたけど。

本当にいい経験をさせてもらったと思ってます。入社してすぐの新入社員に、ほとんど知識もないままに飛び込み営業をさせるんですよ。新橋のあたりは、ビルの上から下まで、八百屋、魚屋以外はみんな飛び込みました。一日多い時で一〇〇社くらい、平均で三〇社。でも営業に行っても、たいがい受付で断られるんです。

人材派遣業なんて興味のない仕事だし、最初は億劫でしたね。その代わり、会社は楽しかった。大学のサークルのノリですね、同僚や先輩は面白い人ばっかりで、今でもつきあいがあります。そのうちに飛び込み営業しても注文がもらえるようになって、担当が増えていく。営業成績は数字にはっきり出て来るので、伸びてくると仕事が面白くなっていきました。

三年東京で働いて慣れた頃に、台湾への駐在出向の話が出ました。台湾のことは何一つ知りませんでしたけど、面白そうだから行ってみるかと。台湾では仕事が終わった後に週二回学校に通って、北京語を覚えていきました。台湾にいたのが二年ちょっと。その後、タイ支店の応援でバンコクに三ヵ月。タイがひと段落すると、今度は香港へ行くことになり、二〇〇〇年八月に赴任しました。

会社に入る前から、いつかは独立しようと思っていました。実は、タイにいる時に、帰国命令が出たんです。でも、もともとが人材関係の仕事ではなく貿易の仕事がしたくて入社したわけで、そろそろ自分の夢の実現に役立つような仕事をしたいと思うようになっていたし、年齢も三〇を過ぎて少し焦り始めてもいました。で、人事部の役員に将来こんなことをやりたいんだと企画書を出したんです。そうしたらそれが社長の目にとまって、面白そうだからお前が会社を作ってみろと言われました。

アイデアや構想はあっても物販の経験はゼロで、貿易の知識も当然なし。こんな自分では会社に迷惑をかけると思い、結局辞退して香港支店に転籍させてもらうことになりました。それから一年後に退社して、念願の独立をしたんですが、それはやっぱり夢を捨て切れなかったからです。一回しかない人生ですからね、やりたいことをやってアカンかったらその後、考えたらいい。仮に失敗したとしても、俺なら就職先はあるだろうとちょっと自信過剰なところもあって、香港の今の会社を立ち上げました。

香港を起業[*1]の場所に選んだのは、会社を興しやすいから。資本金も安くて外国人でもすぐ会社登記ができるし、香港はフリーポートで貿易をするのはもってこいの場所です。香港なら英語で仕事ができるし、北京語の能力も生かせる。生産基地の深圳や広州にも近い。工場には頻繁に行って、打ち合わせをしたり検品する必要があるので、この立地はすごくいい。それに国際的な展示会もいっぱい開かれますしね。サプライヤーを見つけたり、新商品の情報をおさえられる。香港は仕事をする環境がすごく整った場所ですよ。物価が高いのと、工場のある広東省・深圳の治安がものすごく悪いのはネックですけど。

嫁とは、パソナ香港にいた頃、出張先の神戸で仕事を通して知り合いました。今の会社も嫁と二人で

▲妻の支えを受けて、香港で念願の独立を果たした

立ち上げたんですが、いざ始めてみると頭の中で描いていたことはことごとく失敗。ネット販売だけで商売できるかなと思ってたんですけど、それも難しかった。最初の一年、二年は、悩んではトライして、でもうまくいかなくて、そのうちまた新しい話があると聞いてやってみるけどまたダメで…。しばらくは授業料だと思っていても、収入がないから貯めてた金が二〇万、三〇万円と消えていく。めっちゃ不安でした。そんな繰り返しで、嫁にもえらく精神的に苦労をかけました。嫁は、

「ヘリコプターからパラシュートなしで飛び降りたようなもんやね。よくも何の計画もなしに、いきなりワケの分からんことを始めたと思う。それについていく私も私だけど、アハハハ」

と明るく笑ってくれているんで、助かりますが。

ようやく三年経って、利益が出るようになり貯金を崩すこともなくなりました。少しずつ仕事にも広がりが出てきましたが、まだまだ不安定ですから、もっと経営を安定させてさらに上を目指したいし、新しい企画ものも

常に追っていきたい。誰もが扱っている商品になると、安さ勝負になってしまうので、差別化できる商品をヒットさせたいですね。

夢ばっかり追っている、と嫁には言われますけど、人がやらないことをしないと面白くない。それで、いろんな人に会うようにしているんですけど、商売してると大きな風呂敷を広げる人によく会います。でもやってみなければ分からないことは往々にしてあって、そのへんの判断が難しい。

「客はいっぱいいるから注文も毎月入る。絶対儲かるから、○○○な商品を作るのを手伝ってよ」

と言われれば、僕は信用して愚直に素材や工場を探すわけです。情報をまとめ、条件交渉し、サンプルを作ってそのお客さんに持っていく。すると、あの時の勢いはどこへ行ったというくらいに煮え切らない。口ばっかりの人は多いですよ。でも、もしかしたら化けるかもしれないと思って僕も風呂敷に乗ってしまうんですけど（苦笑）、結局ただ働きになる。真面目にやってきたので、いろんな知識も経験もついたし、知り合いも増えて報われた部分もありますけど。ちょっと、人が良すぎるのかもしれません。

「親戚のおっちゃんみたいなことをまたやっている。もうちょっとビジネスチックにやったほうがいいんちゃうん？」

と、昨日も嫁に言われたところです（苦笑）。

今は、僕がいないと成り立たない仕事のやり方です。一人何役もこなしている状態ですけど、一人でやれる仕事の範囲なんて高が知れている。だから早く右腕になってくれる仲間を多く見つけて一緒にやっていきたい。大学時代は空手部のキャプテンをやってましたが、クラブ活動の一つの目的は部員を集めることです。いろんな仲間を引っぱりこんで大きなグループにしないと、学校からも予算を取れない。人を集めてもただ集まっただけでは、すぐに人は辞めてしまうので、上達させるためにどう教えるかを考える。試合の遠征先でのことも考えなといけない。交通費やホテル、食事の面倒も見つつ、試合にも勝つ。リーダーシップをとって部員を増やし、部を強くしていくわけです。仕事をやっていて思うんですけど、会社の経営というのはクラブ活動の運営とある意味通じるところが多いですね。だから、いい仲間をもっと増やしていかなアカンと思っています。

会社を上場させたいとかね、大それたことは思ってません。五年後には五人くらい雇いたい。五年経つと、娘は幼稚園生。小学校に入る頃にはインターナショナルスクールに入れてやれるくらいの自分でいたいなと思って…。一〇年後は一〇人に。最大でも一五人かな、こぢんまりとした会社でいい。できたら、深圳にもオフィスを作って、中国の人にも日本の商品を紹介していきたいですね。それと最近、地震や台風、ハリケーンといった自然災害がいろんな地域で多発しているでしょ、人が困っている時に、この商品のお陰で助かったと言ってもらえるような役立つモノも扱えないかなと思ってるんです。社会貢献の端くれみたいなこともこれからは考えていきたいと思います。信頼できる仲間と一緒にね。

＊1　詳しくは、インフォメーションページ・起業する、四〇ページを参照。

ゴルフレッスンプロ

8 吉田桂子

YOSHIDA Keiko

香港人のいい加減なところも好き。常識外の発想に目からウロコ

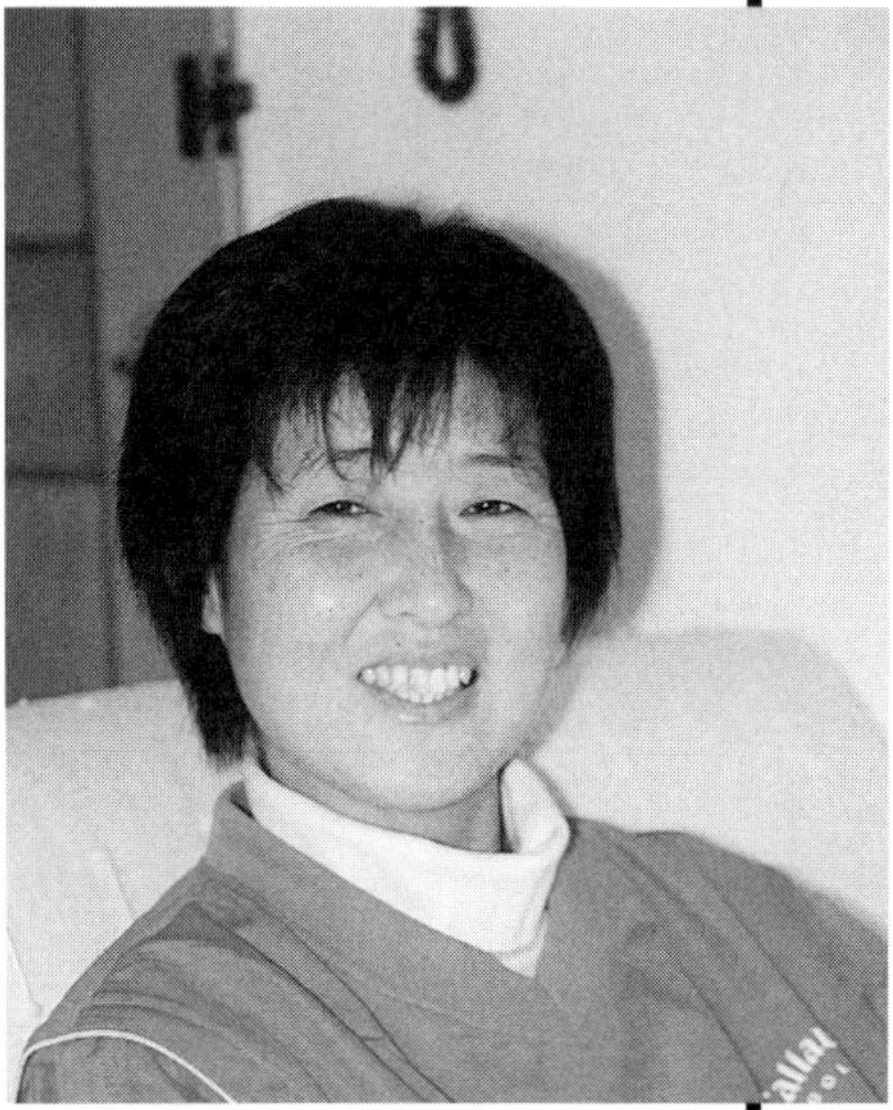

一九六五年四月二三日生まれ　千葉県出身
日立女子高等学校卒
【職業】フリーランス・ゴルフレッスンプロ
【香港歴】二〇〇一年二月〜
【休日】基本は金曜日
【住居】2LDK(約七〇〇平方フィート、七三〇〇香港ドル)

今日は朝九時からと一〇時からのレッスンがあって、この後、一三時、一五時、一六時、一九時半と入っています。個人レッスンのほかに、日本人の駐在員夫人へのグループレッスンが週三回。今は生徒さんの七割弱が日本人で、残りが香港人です。香港人には英語で教えているんですが、もっと完璧に英語が話せれば欧米人の生徒さんを持つこともあり得るんだろうなとは思います。英語はこっちに来るまで全然話せなくて、仕事をしなが

ら覚えていったんですが、もうちょっとうまくなりたいなと思う。

香港へ来たのは、二〇〇一年の二月。最初はゴルフ場に所属していて、二年半経ってフリーになりました。三年くらい前から仕事がバンバン入ってくるようになって、仕事もとても順調になってきました。最初にイメージしていた状態にようやく近づいたという感じかな。そもそも香港へ来たのは、香港にはゴルフ人口が多いのに日本人の先生がいないと聞いたからなんですが、当初は想像通りにはいかなくて。

直接言われたわけではないですけど、香港まで何しに来ているんだよと思っていた日本人もいたんじゃないかと思います。三年、四年が経って、吉田はここで一生懸命やる気なんだという、ある意味信用みたいなものがついたんじゃないかな。

[*1]日本人クラブでゴルフの講座を二〇〇三年秋から持たせてもらうようになったことも、大きかった。ゴルフのほかにストレッチのクラスも持っていて、こっちのほうは、日本にいた時に体を壊して三年整体に通っていろいろ教わっているので、その経験を生かし自分なりにアレンジしたものを教えています。それぞれ一ヵ月半六回のコースで、年に三、四回あります。

日系企業から呼ばれて、広東省に出張することも時々あります。香港なら多少なりともエンターテインメントもあるし、出かける場所もいろいろあるけど、広東省のそれも工場に駐在している日本人となると、娯楽というとゴルフくらいしかないでしょう。それで金土あるいは土日で、泊りがけでレッスンに来てくれないかという話が入ることがあるんです。合宿スタイルで、午前中は営業戦略の会議や勉強会をやって、午後からはゴルフコースを回る。コース中のビデオも撮って、ビデオを見ながらレッスンをする。これも駐在員への福利厚生の一環だと思うんですが、景気のいい会社にしかできないことですね。

高校の頃はバスケットをやっていて、インターハイや国体に出るようなチームでチームリーダーをやっていました。日体大への入学がほぼ決まっていたんだけど、体育大に行けば一年生は奴隷で、四年生は神様。奴隷のような生活をするのがイヤで、オファーのあったNECの実業団に入りました。チームは、入社した翌年には関東実業リーグから日本リーグに昇格しています。でも、かけずり回ることに、疲れてしまって、三年弱で退団しました。

それまでずっと敷かれたレールを走ってきました。スケジュールもびっしり決まっている生活を続けてきたから、自由になりたかったのね。でも、いざバスケットを止めてみると、何をしていいか分からない。しばらくして父の友人のアドバイスもあって、ゴルフを始めました。これが二一歳の終わりです。スポーツは子供の頃から何でもできたけど、ゴルフは最初、全然うまくできなかった。でも、自分でゴルフをやると言った以上、止められない。負けず嫌いだから、できないと悔しいでしょ。気がついた時にはハマっていて、トーナメントプロの道に進みました。レッスンプロに転向したのは、二八歳の時に腰を痛めたからです。

毎年休みをとると、海外でもゴルフをしていたんですが、香港へ来る二年半前くらいかな、香港でビジネスをやっている人との出会いがあって。それから、半年くらいしてから香港に遊びに来て、そこで四〇年前に香港に嫁いだという日本人の女性に会ったのね。その時に、言われたんです。

「香港にはゴルフ人口が多いのに、日本人の先生がいないから、香港で教えればいいのに」

って。へー、そういう道もあるのかぁ、いいなぁ、って思いました。自分のゴルフレッスン法を日本人以外に試してみたかったたし、自分が海外で通用するのかも知りたいと思いました。でも、日本での仕事が順調だったこともあり、海外で働くってやっぱり大きな決断だからすぐには決められなかったですね。ある時、友人が、何かのテレビドラマを見た感想を言ったんですよ。

「自分なんて大したことのない、ちっぽけな存在。自分の人生を大袈裟に考えるから、何もできなくなるんだよね」

友達は何の気なしに言った言葉だったと思うんですが、その時、そうだと思ったんです。父は「何を考えてんだ」って大反対だったたし、母も友達も周囲にいる人は皆、反対でしたね。賛成してくれたのは、兄貴のような存在がいるんだけど、その人だけでした。

「苦労するのは目に見えているけど、いろんな経験ができるだろう」

って送り出してくれました。


日本にいた頃、個人レッスンで教えていたのは会社の社長さんとかが多かったんですね。自営業の社長っていうのは自分の考えややり方がはっきりしていて、すごい我がまま。それに対して、サラリーマンの人ってまた少し違うカラーじゃないですか。日本人と香港人を比べると、日本人は数から言うとサラリーマン・カラーが多くて、香港人は逆に自営業カラーが多い。じゃあ、自営業カラーの人は教えにくいかというと、香港の人ってフレキシブルな人が多いから、そうでもないですよ。でも、人によりますね。香港でもゴルフ雑誌は結構出ているから、雑誌に洗脳され切っている人は香港人でもプレーが変わりづらいし、うまくならない。

忍耐力は、香港人のほうがないですね。多少は我慢して練習しないと、そうすぐにはうまくならないものなんだけど、うまくならないと思うと香港人はどんどん先生を変えます。それは悪いことではなくて、ある意味では大事なこと。日本人は義理堅いから、先生に悪いなと思って、同じ先生からずるずると習って、結局上達しないままっていう人もいますから。

個人的なつきあいという点で見ると、香港人はつきあいやすいと思います。人の話なんて聞いちゃいないし（苦笑）、自分が一番すごいと思っているから自分を謙遜なんてしないし、きつい冗談を言ってもＯＫ。体育会系のノリに近くて気楽につきあえる（笑）。イエス・ノーが、はっきりしているのもいい。何かの誘いを断ったからって、裏でコソコソ言われるなんてこともないし。

いい意味でですが、いい加減なところも好きですね。例えば、何かを日本人に相談するとするでしょ。一〇人に相談しても、日本人は実直なので答えは二通りくらいで、あっても三通りでしょ。現実的で、手堅い答えです。ところが香港人に相談すると、正しいかどうかは別として一〇人に聞けば一〇通りの答えが返ってくる。たくましく生きているなと思う。物事を合理的に考えてもいるし、常識じゃ考えつかないような答えもあって、そういう方法もあるんだと目からウロコ、です。

よくそんな大嘘つけるよねと思うようなことも、平気で言えちゃうところもある。いま私が住んでいるアパートの家賃も、香港人の友達がネゴしてくれたんだけど、日本人だからきちんと家賃を払う、キレイに部屋を使うって話すのはまぁ当然としても、その後に日本人じゃ考えつかないようなストーリーを作り上げているわけ。どんなストーリーだったかはもう忘れちゃったけど、ワケが分かんないような話だったことは、確かかね（笑）。で、結局、千数百香港ドル値下げしてもらえました。

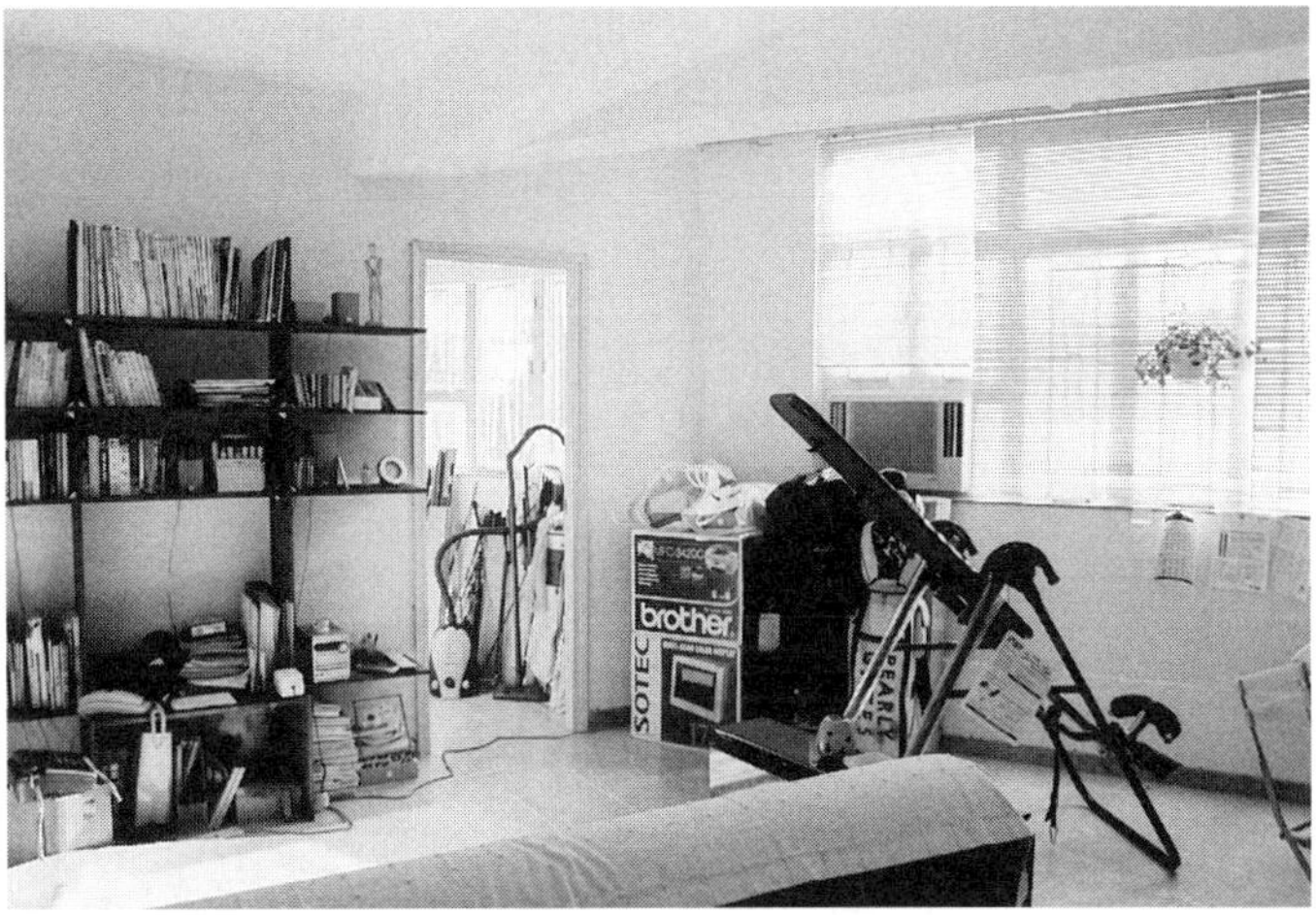

▲居間にあるリビングボードと机は、手作り。奥にはゴルフ道具のリペアルームもある

香港で働くようになって、すごく大人になったと思う。私はずっと好きなことだけをやってきたから、仕事でも自分の腕を上げることだけ考えていればよかった。融通が利かなくて、大した冗談でもないことを真に受けたり。カチンとくるようなこと言われると、すぐに相手とケンカしちゃって、にっちもさっちもいかなくなる。聞き流せばいいのにそれができなくて…。嫌いだと一度思った人とも絶対つきあわなかったしね。

二八歳になってレッスンのほうに転向して、少しずつ人とのつきあいを覚えていったんですが、最初はひどかった。例えば、グループレッスンの生徒さんを当時、一週間で一八〇人くらい見ていたんだけど、私は一人一人の生徒さんに一週間前に、アドバイスした内容を覚えている。でも、生徒さん本人は忘れちゃうわけ。それで、「やる気、あるんですか?」ってつっかかったこともあった(苦笑)。アマチュアの人たちのモチベーションに気づいてなかったんですね。私は必死でゴルフを覚えてきたけど、この人たちはうまくはなりたいけど、遊びなんだということに気づくのに三年もかかった。先輩からは、「お前はバカだ。普通はそんなこと、半年か一年で気づくぞ」って言われました。私はとにかく何でも一生懸命じゃなきゃイヤなんだけど、それじゃ通用しないこともあるんだと分かってきました。

香港に来て、世の中には本当にいろんな人がいるんだということも分かったし、今まで自分がモノを知らないことも分かった。人とのつきあい方にしても、普通はもっと若いうちにできるようになるんでしょうけど、私も香港に来て、もまれて、ようやく一人前の人間になりつつあるかな。

仕事自体は当初からある程度順調だったんですが、初めの頃はコミッション制の契約で私の手元に残るお金があまりなく、ひもじい経験もしました。今まで経済的にそんな経験をしたことがなかったので、これも、本当、いい勉強です。今の住まいは香港に来て二軒目なんだけど、気に入った家具は高くて買えなかったから、自分でリビングボードと机は作ったんですよ。安い家具なら買えるけど、それじゃ趣味に合わない。家って大事でしょ、落ち着ける場所じゃないとイヤだった。で、作ってみると、これがなかなかよくできた（笑）。こんなことも日本にいたら、しなかっただろうと思うんです。ちょっとずつインディペンデントな人間になってきた気がします。

香港へ来るのに大反対だった父も少しトーンが下がってきたかな、母親は諦めている感じです。二人が元気なうちは、まだ香港にいたいと思う。どちらかの体の具合が悪くなれば、帰らなきゃとは思っていますけど。トーナメントで今も頑張っている友達がいて、「もうそろそろ日本に帰ってこないか」とも言われています。トーナメントプロのスイングチェックのほうが、仕事としては楽ですからね。それも考えなくもないし、香港でレッスンだけじゃなくてショップをやってもいいかなとか、いろいろ考えたりもする。

広東省へも教えに行くようになって、北京語も勉強したいという気持ちもあるし…。今はまだ、自分の中ではどの方向へ行こうかはっきりしない状態です。いずれにしろ、香港でやり切ったと感じることが先だから、目の前にあることに集中していくしかない。ここで中途半端に終わってしまったら、この先の人生も中途半端になっちゃうだろうから。

＊1　詳しくは、インフォメーションページ・日本人コミュニティ、九五ページを参照。

音楽プロデューサー／音楽スタジオ経営

9 甲谷久一

KOYA Hisakazu

嫌いなところは道徳観の欠如。迎合しないで適応していく

一九六三年一二月三一日生まれ　東京都出身
立教大学文学部史学科卒
【職業】マークワン・ミュージックセンター　代表取締役社長
【香港歴】一九九八年五月〜
【休日】なし
【住居】１ＬＤＫ（四二〇平方フィート、四二〇〇香港ドル）

好きか嫌いかと聞かれれば、香港は嫌いです。僕が香港にいる理由っていうのは二つあって、一つは香港が嫌いだから。というのは、嫌いだと気づく外国人じゃないと、いる意味がないと思うんですよ。客観的に香港を見て嫌いな部分を分かっているから、香港の人たちに刺激だって与えられると思うし、自分でも音楽シーンを変えていこうという気概だって持てる。香港に来ている日本人で一番嫌いなのは、日本人のいい部分をみん

な捨ててしまっている人。それって迎合であって、適応とは言わないと思う。それじゃ香港に与えられるものって何もないし、香港に迎合した日本人が当の香港人に敵うわけがない。どこの国に行っても同じで、自分のいいところ、日本人のいい部分をキープしたうえで働ける人じゃないと、外国にいる意味はないと僕は思う。

香港にいるもう一つの理由は、香港のほうが日本よりも全然仕事がやりやすいからです。とにかくスピードが速いので、仕事がしやすい。ただ、これは表裏一体で詰めが甘いという部分もあるんですけど。ここでは、余計なシステムを通さずに済むから、物事がスピーディに決定していく。日本だと、宮仕えをしている場合は自分に決定権がなくて、部長クラスでも責任を持てなかったりしますからね。今は、自分で責任を持って仕事ができるかわりに、失敗した時のペナルティは当然出てくる。でも、ビジネスに関しては責任の所在をはっきりさせていくべきだと思うので、香港のほうが断然やりやすい。

子供の頃から音楽は好きで、今は人生の一部になっています。親父は娘が欲しくて、ピアノを習わせるのが夢みたいだったんですけど、できたのが野郎二人だった（笑）。で、小学二年生から僕が習うことになったわけです。中学の時にはブラスバンド部でトロンボーンを吹いていました。全く無名のブラスバンド部だったんですけど、二年の時に東京都のコンクールで金賞をとってしまったんですよ。有名校に入って金賞をとるよりも、それはすごく自信になるじゃないですか。翌年も金賞だった。個人の成績ではないにしても、この時の自信というのはその後に大きな影響を与えていると思います。高校に入ってからは、ありがちですけど、ロックにはまってバンドを作って。キーボードも弾くし、ベースもギターも弾くし、ドラムも叩く。自分で言うのは恥ずかしいですけど、客観的に言って器用だと思います。

民俗学に興味があったので、民俗学を勉強できる立教大学に入ったんですが、入学した年に民俗学の先生が辞めてしまった。だからっていうわけでもないですけど、大学時代は音楽の道へまっしぐらで、大学生活はバンド一色でした。

一九九八年から香港で働いていますが、最初はCD・レコードショップの駐在員として来ました。大学を出てその会社に入って最初の七年間は小売りの仕事をして、その後本社でマーチャンダイジングにかかわりました。主に輸入版やインディーズ系のCDの取り扱いを四年くらいやっていて、香港には輸入版の仕事で一年に二回は来ていましたし、それまでにバックパッカーとして旅をしてきてアジアが好きだった。だから、香港で働くというのは僕にとっては自然な流れでしたね。

結局、駐在員として働いたのは一年足らずで、独立しました。いろいろ思うことがあって会社を辞めようかと思っていた時期に、このスタジオの前のオーナーとたまたま知り合いまして酒を飲んだんです。非常に優れた香港人エンジニアなんですが、香港で独立して一匹狼でやっていこうとするヤツは潰されてしまうんですね。会社にしがみついているヤツらは技術は大したことないくせに、独立してやっていこうとする人間を潰しにかかる。そういう香港の音楽業界に悲観していました。

「香港人にはムリだけど、日本人にならこの音楽業界を変えられるかもしれない。俺はあなたの言い値で売るから、このスタジオを続けてくれないか」

そう言われて、あとは電光石火です。買い取ることに決めました。彼はカナダに渡って同じことをやっています。向こうへ行けば行ったで問題はありますから、伸び伸びとやっているわけでもなさそうです。

でも、それは本人も分かっていたことですから。これは僕も同じなんですけど、自分の国で矛盾を感じながら仕事をしていくよりは、外国の矛盾の中で仕事をしていったほうが、エクスキューズじゃないですけど、自分を納得させる理由はできやすいと思う。精神的にもそのほうがいいだろうし。

この音楽スタジオは、建物は古いですけど、スタジオとしてのクオリティは他にひけを取らないと自負しています。仕事としては、スタジオ貸し、レコーディング、レッスン、それに「Ｍａｒｋｌ Ｍｕｓｉｃ Ｃｅｎｔｒｅ」というレーベルのアーティストの発掘とプロデュースをやっています。

自分自身もミュージシャンとしてバンドに参加していて、香港や深圳で活動もしています。レッスンしているのはギターやベース、ドラム、ピアノで、生徒は大体三〇人くらい。日本人や香港人もいますが、半数は欧米人です。今のところ、比重的にはレコーディングとリハーサルとレッスンが大きいですけど、今後はレーベルをもっと充実させていきたいと思っています。

香港の音楽業界は構造としては日本と基本的に変わりませんが、レコード会社の末端のスタッフという点で見ると日本人のほうがプライドを持っていると思いますね。自分の会社に対する疑問や批判も持っているし、会社ができないんだったら自分が音楽業界を変えてやりたいというパワーがあります。

日本人が特別なのかなという気もしますけど、日本人はお金のためだけに働く人種じゃないでしょう。自分のプライドのために働く。でも、香港の場合は、求める代償はお金なんですよ。これはある意味、姿勢としては正しいとは思うんですけど、音楽ビジネスのような文化を担う仕事というのは金銭だけでは計れない何かがある。それほど重いものではないにしても、社会に対して使命があると思う。そういう部分が、香港ではすっぽり欠けていますね。だからレコード会社に入れば自社商品について勉強するという発想もないでしょうね。日本のEMIならビートルズのアルバム名を全て覚えているスタッフはほぼ一〇〇パーセントいると思うんですけど、香港のEMIは言えない人間のほうが多いでしょうね。

コンサートの運営にしても日本でライヴといえば、三時間前には現地入りして、入念なサウンドチェックやリハーサルを繰り返して本番を迎える。でも、香港ではどんなに早くても一時間前。サウンドチェックのないままに演奏を迎えるということもある。だから、ステージはいつもトラブルばかり起きているけれど、主催者側も演奏者側も気にしていない。これにはいつまで経っても慣れることはできないし、慣れてしまってはダメだと思っています。

日本人と香港人では人生に求めるものが違っても当然だと思いますが、音楽に関しては全てお金に換算する香港のスタイルは良くないと思う。僕みたいな草の根的な音楽の仕事というのは、あまりお金にはならない。だから、音楽にかかわる人間の層も厚くない。それでも最近、少しずつアンダーグラウンドのシーンも変わり始めてきているように思うし、僕自身もそこにかかわっていきたいと思っています。

香港の何が嫌いかというと、まず道徳観の欠如です。貧しい国であればそれも仕方がないと思える部分もありますが、ゴミを平気で捨てる、唾を吐く、地下鉄で人がまだ降りていないのに我先に乗ろうとする。日本にもいますけど、比率は圧倒的に香港のほうが多い。人を思いやる力が足りないんでしょうね。それと平気で嘘をつくこと。速攻でバレてしまう嘘をつきますから、もう少しうまくつけよと思います（苦笑）。

▲外国で暮らして一番よかったことは、日本を客観的に見られるようになったこと

裏切られることも少なくない。最近だと、レーベルを作るために、ある香港人バンドに声をかけたんですが、途中で契約を反故にされました。搾取するつもりはないですけど、ビジネスの話はしなきゃいけない。ボランティアじゃないですからね。この権利はウチで、この権利はあなたたちだよという話になると、全部自分たちの自由にやらせてもらえるものだと思い込んでいて、途中になって止めたと言ってくる。こっちはすでにお金を使って、工場との契約もすませた後になってからです。

でも、止めると言ってくれる場合はまだいいですよ、何も言わないで連絡がとれなくなったりする人間もいますから。本人たちには裏切るという意識はないのかもしれないですが。本来ならペナルティが発生するんですが、ウチでは取ることはしていません。そのかわり、「あなたたちの将来のために言うけど、実際こういうことをやった場合はものすごい金額を取られるよ。だから、自分たちの思い通りにいくほど社会は甘くないんだということは知らなきゃいけない」と言いました。

僕は、知り合った香港人に対して、香港の嫌いな部分というのをはっきり伝えます。真剣に聞いてくれる人もいますが、中には批判されて面白くないと思う人もいるかもしれませんね、香港人はプライドも高いですから。特に、ホワイトカラー層の女性のプライドは、かなり高い。

ある日、仕事上で知り合った女性と食事をしたんですが、食事が終わって店を出る際、彼女が僕のちょっと前を歩いていたんですけど、ドアの前でしばらく彼女が立ったままでいる。僕がドアを開けるのを待っているのが分かったので、「外に出たいんだったら、自分で開けて出れば」と、言いました。それ以来、彼女から連絡はないですね（苦笑）。

僕だって一緒に並んで歩いていれば、女性のためにドアを開けますよ。マッチョ主義じゃないですけど、重いものを持つのは男の仕事だと思いますし、そういう考えの延長で女性のためにドアを開けてあげるというのは分からなくないんです。でも、レディファーストというのは女性の権利ではなくて、男性が女性を尊重するという行為でしょう。逆に、香港の男性は男として持っているべきプライドを持っていない。さっきのドアの話でも、僕みたいに反論する男っていないと思いますよ。女性の言いなりです。

今の香港の男性はボールを投げると拾ってくる犬と同じで、そうなると男はどんどんダメになっていくし、女性はどんどん間違ったプライドを持つようになる。でも、香港にはこんな勘違いな女性ばかりではなくて、すごく自分を知っていて、かつ女性らしさもあって仕事もバリバリできる素敵な人もたくさんいます。能力はたいしてないのにプライドばっかり高い女性と、二極化しているということです。

香港人の悪口ばっかり言っているように思われますけど、もちろん、香港にもいい部分もあります。

例えば、経済が落ち込んだ時なんかは、日本人はすぐにネガティブに考えてしまうけれど、こっちの人はポジティブですからね。ああいう部分は見習わないといけないと思う。

日本のほうが友人関係は作りやすいですけど、こいつは信頼できるなって思えた人間は香港のほうが徹底的に信頼できると思いますね。香港に来て、いまだかつて二人しかいませんけど、その二人は徹底的に信頼できる。そう思ってからのつきあいは、日本よりずっと濃いなぁと思います。

これは他の国にいたとしても感じたと思うんですけど、外国に住んでみて一番良かったのは、日本のいいところ悪いところを客観的に見られるようになったこと。日本は社会的にネガティブ志向なところがあるから、日本に住んでいる日本人って日本人のことを嫌いだし、日本は外国から嫌われていると被害妄想的に思っているところがありますよね。僕もそう思い込んでいましたけど、香港に来てそういう洗脳のようなものから解かれましたね。日本人であるという誇りを持てるようになったし、逆に今まで見えなかった悪い部分も見えるようにもなった。

自国に誇りを持てない人が多い日本という国は、珍しい国ですよ。日本は愛すべき国だし、世界の人たちから日本人が嫌われているなんてことないし、むしろ信頼されているし、好かれてもいるんですから。日本人としての自信を持てるようになったこと、これが香港に来て一番良かったと思うことです。だから、そういう意味でも、一度日本を出て外国で暮らすことを僕はお勧めしますね。

カクテルバー経営

⑩ 吹留一郎

HIDOME Ichiro

96時間かけて氷を作る。
妥協せず最高な状態をめざす

一九六四年一一月一七日生まれ　鹿児島県出身
工学院大学工学部機械工学科卒
【職業】b. a. r. EXECTIVE BAR 経営
【香港歴】二〇〇三年九月〜
【休日】日曜日
【住居】2LDK（五〇〇平方フィート、七五〇〇香港ドル）

三九歳を目前にして、香港に来ました。海外で働き始めるには遅いと言う人もいるかもしれませんが、年齢は関係ないと思うんですよ。日本でしか積めない経験というのがありますから、積めるものはしっかり経験して海外へ出るべきだと思っています。

香港へ来る前は、一六年間ホテルの料飲部門に勤務しました。大学は工学部機会学科ですから、全く別の道です。日系ホテルから外資系ホテルへ転職して、六年前に出張兼研修で香港に来ましてね、香港で働きたいなと思うようになりました。

ホテルにあのままいれば、年収的にも困らないし、会社の看板も大きい。四〇半ばで副支配人、五〇代で支配人…、それはそれでいいんですけど、あとに何がありますか？　管理職になってしまうと、バーのカウンターに立つことはあり得ない。会社から求められるのは、数字です。数字とゲストケア、それにコンプレイン処理。現場でお客様と向かうことはだんだん少なくなります。ホテルではバーテンダーとしてカウンターに立つのは三〇前半くらいまででしょう。その後はマネジメントをやらなきゃいけないわけです。だから香港へ来る前の四、五年はほとんどカウンターには入っていませんでした。でも、それは自分の性に合わない。自分が本当に目指した道は組織の管理職ではなく、バーテンダーであり続けることでしたから。

香港を含めたアジアで働けないかと職を探し始めましたが、海外のホテルで求められる日本人の職種は、セールスのマネージャーやゲストリレーションといった職種が多い。僕が望むような職種はない。それでもネットなどで探し続けていたら、日系レストラン＆バーのシンガポール店の求人を見つけまして、早速応募。すでに採用が決定した後でしたが、「香港店ではどうか」と声がかかり面接を受けて働くことに。新店舗のアシスタントマネージャーとして、メニューのプランニングやスタッフのトレーニング・管理等を担当しました。

香港へ来た当初から、自分のバーを持ちたいと思っていました。目標は三年以内だったのに、三年も経たないうちに念願のバーが持てた。とんとん拍子で、有難いことです。タイミングよく物件が見つかったから店を辞めましたが、働きやすい職場だったので物件が見つからなければまだしばらくはその日系レストランにいたでしょうね。物件を探し始めたのは、香港に来て二年目あたりから。具体的にいつから始めようと思っていたわけではなくて、どのくらいの相場か知りたかったし、どのくらいのスパンでいい物件が出てくるか分からなかった。休日はちょこちょこ不動産屋に行っては、いろんな物件を見て回りました。

香港で飲食店を開くうえで一番大変なのは、ライセンスの取得ですね。まずコンサルタントを雇うところから始まります。どういう店を作りたいのかをコンサルタントに話して、申請書類を作り当局に提出してもらう。例えば、この店は二七階建ての最上階ですが、フロアの構造が重量の耐久性がなかったので内装工事の際に鉄板を入れているんですが、そういうこともアドバイスをしてくれるわけです。あるいは、物件を賃貸契約し、申請後に飲食店が出せない場所だったということが分かるなんていうことも実際にあり、そういった事態を避けるためにもコンサルタントは雇ったほうがいいでしょうね。

申請書を提出後、警察で店の概要についてインタビューを受けます。それが終わると、パブリックノティスと言って、申請書を提出したことを英字紙二紙、中国語紙一紙に告知をしなければなりません。この出店に異議がある人は、二週間以内に異議を当局に申し立てることになっていて、もし異議を申し立てられてしまうと裁判になることもあり、ここで開店時期に影響が出てきます。

その後、内装工事に入ります。消防署の点検、食物環境署での講習の受講、食物環境署によるインスペクション（検査）を経て、ようやくフードライセンスが下りる。これが取れて初めて、リカーライセンス（酒類取り扱い許可）が申請できるんです。最終的にリカーライセンスが下りるまでに、約三ヵ月かかりました。その間、営業はできなくても家賃の支払いはあるわけですから、フードライセンスが下りた時点で見切り発車で営業を始める店もありますね。しかしそれが当局に摘発されれば、お酒は全部没収され、罰金も課せられることになります。それでも、リカーライセンスが下りるのを待っていては赤字になるというので、摘発される度に罰金を払うことを覚悟で、一年間フードライセンスだけで営業していた店もあるくらいです。それほど、香港でアルコールを扱う店を開くのは大変なことなんです。

食材探しも大変でした。欲しいものが思ったように手に入らなくて。生ハムにしてもサプライヤーはあるんですけど、なかなかいいものが見つからない。日本なら簡単なのにって、何度も思いましたよ。本物の材料を使いたいんです、僕は。

香港だとホテルでさえも、フレッシュジュースを缶とフレッシュをミックスさせて出している。そうしないと、こちらではいい味を提供できないらしい。でも、僕はフレッシュでいく。毎日いいものを仕入れて、混ぜ物なしの材料でカクテルを作りたい。オレンジやグレープを甘いと思っていらっしゃる方もいますけど、シーズンフルーツですから果汁たっぷりの甘い季節もあれば渋い季節もある。それが本来の味ですから、季節を感じて頂きたいと思っています。モルトウイスキーを扱うサプライヤーもね、そんな調子で、歩きに歩いてようやく見つけました。

氷も、日本では簡単に適度な塊をデリバリーしてくれるんですけど、こっちにはそんなサービスはない。そうすると、自分で作るしかない。大きなタッパーにアルカリイオン水を入れて、マイナス一五度で作る。マイナス二〇度まで冷える冷蔵庫ですけど、透明度の高い氷を作るためにあえて一五度くらいで作るんです。三日三晩置いて、タッパーから出してぬめりをとるために一回洗う。そしてもう一日寝かせると、硬度が高くなる。だから、九六時間かけて氷を作っています。うちのメインはスコットランドのスコッチなので、向こうは水が軟らかい。それに合う水で氷を作り、最高の状態でお出ししたいと思っているからです。

お客様に僕が売っているのはモノだけではなくて、時間や空間も含めてです。楽しいひととき、美味しいお酒を提供することでお客様には、また明日も頑張ろうと思って頂きたい。そのために本物を用意して、もてなしたいと思っています。

日本にいた頃、資金を出すからバーをやってみないかと三回ほど誘われました。一軒目は西麻布、二軒目は代々木上原、三軒目が恵比寿だった。いい話でしたけど、その当時はまだ若くて、ホテルでもっと勉強したいという気持ちがあったし、バーテンダーである前にホテルマンでありたかったんですね。

今、日本で自分の資金で開こうとしたら、相当かかるでしょう。香港に来る前に勤めていたホテルの同僚が最近、六本木ヒルズの前でお店を始めたんですよ。地下一階で、カウンターが一二、三席、テーブルが二つで、開店資金は二五〇〇万円。香港なら、その半分と考えればいい。ここはコーズウェイベイ（銅羅灣）で、日本で言えば新宿のような場所ですから、家賃はそれなりに高いですが…。

ここは香港ですから、香港人スタッフを育てながらお店をともに盛り上げていくことが大事だと思っています。

二五、六の頃からカクテルコンペティションに挑戦し続けて、二八でやっと全国大会に出られて三位。それから三五までは毎年のように全国大会に出ていました。

まず、レシピを考え、ネーミングを考える。審査は味だけではなく、ネーミングが味にあっているかどうか、礼儀作法、技術、表情、シェーキングスタイルなどが見られるので、一〇〇回くらい練習をします。営業が終わって片付けをしてから練習を始めるんですが、後輩にビデオを撮ってもらい、ストップウォッチで計って、みんなで研究していくんです。

国によってもコンペティションはスタイルが違います。日本スタイルは簡単に言えば、茶道を踏襲したようなところがあるし、アメリカはとにかくパフォーマンスが派手。香港では東南アジアの大会が開催されているので、一度は出てみたいですね。おそらく欧米に近いスタイルじゃないかと想像しています。

日本でも終身雇用制が崩れてきましたけど、香港ははるかに欧米化されていて、香港人はどんどん転職しますからね。特に飲食の世界は、短い期間で辞めていく人が多い。もう少し腰をすえて、基礎を作ったらいいんじゃないかとも思いますが、それも師匠次第という面もある。従業員は一挙手一投足を見ていますからね。もうこの人から学ぶところはないと思えば従業員は辞めていきます。香港のこの業界にも当然素晴らしい人はいるでしょう。僕はその人たちとは違う技術を見せてあげたい。カクテルのシェーキングはただ振るだけじゃなくて、科学的です。美味しい水割りだって、そう。同じ材料でも、科学的に美味しさの法則を分かっているかどうかで味は変わる。香港人のスタッフには感覚的ではなく、論理的に技術を伝えていきたい。日本で培ったものを香港人に伝える、これが僕にとって〝日本を伝えること〟になるんだと思います。

今まで、やりたいことをやってきました。父親は定年まで宇宙関連の仕事をしていました。理系一家に育ったのに、僕は勉強大嫌いで落ちこぼれでした。父からすると理系の道に進むと思っていたのに、就職先はホテルだった。父は「ホテルで働くのもいいけれども〝水〟のほうには行かないでくれよ」と言っていたのに、僕は〝水〟のほうに行った。カクテルコンテストに出たのは、ただの水商売じゃないんだ、真面目にやっているんだというのを見せたかったからです。父を納得させたかったし、認めて欲しかったんですね。三回連続で入賞した時に父が、「その道でやっていけ」と言って認めてくれた。しかも、「どうせならその道で頂点を目指せ。そういう世界なら、今どき日本にだけいても仕方ないだろう。海外も見てきたほうがいいんじゃないか」とも言ってくれ、今も応援してくれています。

好きな仕事が、好きな香港でできる。幸せなことだと思っています。

香港の何に魅かれるかって、九龍サイドから見る香港の夜景ですよ。毎日勇気づけられる。あれを見るためにいるようなもんです（笑）。将来家を買うなら、この風景が見られる場所がいいなぁ。こんな狭いところに、ぎゅっといろんなものが凝縮していて、しかも世界中から人が集まってくる。確かに東京のほうが広いし、景色ももっとキレイかもしれない。でも、この狭いところにくっつくようにビルを作っているからいい。そして、このネオン。ネオンがパワーを与えてくれるね。人間の本能のままの街ですよ。そうかと思うと、三〇分もバスに乗れば、のどかな海辺の風景があるし、これだけ個人主義が徹底しているのに、トラムに乗ると若者が自然におじいちゃん、おばあちゃんに席を譲る。このギャップもいいんですよ。

将来の夢ですか。日本のお客様だけでなく、香港のお客様にも来てもらえる店にしたいと思っています。今は、香港人客は全体の一〇数%というところですが、だからといって迎合はしたくないんです。

カラオケやゲームなどを置いたりすれば、一時的には香港人も集まるでしょうけれど、自分のスタイルやクオリティは守っていきたい。バーは寿司屋と似ていて、カウンターに座って頂く対面商売なんです。でも、香港のバーはそうじゃなくて、お客様はカウンターには座らないですからね。その対面商売という日本の粋というのかな、それを香港の人たちに伝えていきたいと思っています。

当初は、二号店を開きたいと思ったこともありましたけど、今はこの店のクオリティを落とさず、かつ軌道に乗せていくことが最優先です。二号店のことが考えられる状態にするということが目標になるでしょうか。

ポータルサイト運営会社営業

⑪宮崎純子

MIYAZAKI Junko

頑張れば頑張っただけ、成果がついてくる場所

一九六二年二月一九日生まれ　大阪府出身
私立短期大学国文科卒
【職業】ポータルサイト運営会社　ディレクター
【香港歴】一九八七年一月〜
【休日】土・日曜日
【住居】3LDK（一四〇〇平方フィート、持ち家）にイギリス人の夫と高校生の娘の三人暮らし

香港へは当初、半年間だけの長期出張の予定だったんですよ。それがもう、一九年になってしまって（笑）。短大を出て中堅商社の中国貿易課で働いていたんですが、香港に駐在員事務所を立ち上げることになって、立候補をしたんです。半年後に駐在員が来た時に、すぐに業務に入れる状態にしておくというのが私の仕事でした。事務所を探したり登記をしたり電話を引いたり、備品を揃えたりといった、まぁ雑用係ですね。法律面は

現地のコンサルタント会社に任せましたけど、それ以外は自分で動きました。

今の若い人たちは海外で仕事をしたいと思う人が多いでしょう。でも、その当時って、海外で働くなんて不思議なことだったんですよ。友達も親もいない海外でどうやって暮らしていくんだろうって。だから私自身も、立ち上げの話がなければ、海外で働こうなんて思わなかったでしょうね。

それなのに半年経って帰国の時期が近づくと、帰りたくなくなってしまって。日本の女性で働いている人はほとんどいなかった時代ですからね、日本人というだけでちやほやされるんですよ。嬉しくってしょうがない。どこへ行っても、蝶よ花よ状態なんですから。日本にいたら誰も見向きもしてくれないのにね（笑）。すぐに仕事も見つかって、未経験にもかかわらず旅行関係に就職することになりました。香港人が経営する日本人相手の旅行会社でした。お給料は、当時の香港ＯＬが一ヵ月二五〇〇〜三〇〇〇香港ドルだった時に、一万香港ドルを頂きました。

最初のうちは何をしていいかも分からないし、することもないんですけど、始業九時のところを八時半には出勤していました。日本にいた頃は、始業時間より早く行くことは当たり前で、女の子はお掃除したり、お茶を入れたりしていましたからね。そうしたら、香港人スタッフから、

「あなた、どうしてこんなに早く来ているの？　日本の常識は香港に持ってこなくていいのよ。あなたが早く来ても、誰も偉いとも真面目だとも思わない。九時から五時が定時なら、その時間仕事をして五時に帰ればいい。自分のことだけやっておけばいいんだから」

と言われまして、驚きました。当時の日本というと、女の子はきれいにしてニコニコお茶を出していればいいという評価の時代でしたから。

結局、台湾人の男性と知り合って、前の主人なんですが、彼と結婚することになりまして、半年ほどで辞めることになりました。迷惑をかけに入ったようなものですね。娘が生まれてからも時々、フリーランスの通訳の仕事はしていました。その頃は今と違って、日本人で英語ができる人があまり多くなかったので、引っぱりだこだったんです。娘が四歳半になって、小学校に入学。まだ中国返還前ですから、イギリスの国立の学校です。そうすると私はたっぷり時間ができて退屈ですから、フルタイムで働こうと日系の旅行代理店に入社しました。

前の主人は、娘が四歳の頃に事業を始めました。名義上は私も役員でしたが基本的にはノータッチだったんですね。そうして娘が八歳になった頃、彼が多額の借金を残して蒸発してしまったんです。取り立て会社から毎日、催促の電話がかかってきました。「お前のところには娘もいるだろう。借金を踏み倒したらただじゃおかないぞ」という脅しです。家のドアに真っ赤なペンキが撒かれたり、窓の下に干してあった洗濯物を切り裂かれたりと嫌がらせも受けました。最初は、私が作った借金じゃないからと抵抗していたんですが、連帯保証人になっていましたから、払わざるを得ませんでした。

返せないんじゃないかと思ったくらいのすごい額で、それなりのマンションがキャッシュで買えるくらいの金額です。返済すると決めて、四年間は一日四時間に満たない睡眠で、朝から夜中まで働きました。旅行ガイドも今は日当になっていると思うんですけど、その頃は、空港へ出迎えをするといくら、夕食の案内ならいくらというふうに、個別にギャラが発生していました。他のガイドさんたちは、出迎えだけといった小さな仕事はイヤがるんですよ。でも、仕事をすればするほど収入が増えるので、上司にだけは状況を話して、どんな仕事でもさせてもらえるようにお願いをしました。

大変は大変でしたけど、苦痛ではなかったんです。すごく楽しく仕事をしていました。自分が住んでいる香港を旅行者にPRしたいと思っていたし、好きになって帰ってほしかった。それに、私のような立場の人間は、日本人と接する機会があるようでないので、日本語が恋しいというのもあって、お客様と話すことで日本を感じることもできました。

よく返せた？　そう思います。甘える人がいなかったのが大きかったのかな。日本で同じ目に遭っていたら、家族や親戚が助けてくれただろうし、もしかしたら、首をつっていたかもしれない…。香港だからやれたんだと思います。ここは頑張れば頑張っただけ、目に見える結果がついてくる場所だから。

今の私は、香港が作ってくれました。性格も変わったし、顔つきも変わったと母からも言われます。母は年に二回くらい香港に遊びに来て、一ヵ月ほど滞在していくんですね。先日もこんなことがあって…。母と一緒に外出をした時に、雨の中をようやくタクシーをつかまえたんです。それなのにドアを開けたら、後ろからどやどやと人が乗り込んだので、私はその人を引きずり下ろして、並びなさいよって怒鳴ったんです。母がその姿を見て、「あなた、変わったわね。昔のあなただったら、悔しくて泣いていただけだった」と言うので、「泣いているだけでは損する国なのよ、ここは。そんなんじゃ香港では生きていけないのよ」と返しました。

日本には帰ろうと思えば帰れたと思うんですけど、なんで帰らなかったんだろう…。意地、でしょうね。それに帰ったとしても、生活の基盤を一から作って、子供を育てて自立していく自信もなかった。香港だったら借金さえなければ、収入もちゃんとあって悠々自適に暮らしていけましたから。

女性が家庭と仕事を両立していくには、世界でここは一番適している場所じゃないですか。税金も高くないし、治安も悪くない。メイドさんも安く雇えるから子供がいても安心して働けるし、時間も自由になる。香港にいる日本人で一般事務なら一万五〇〇〇香港ドルくらいだと思うんですけど、四〇〇〇ドル出せばメイドさんが雇えるでしょう。そしたら、もっとキャリアアップだってはかれるじゃないですか。日本だったら、親が子供を見てくれて働きに出たとしても、その分、自由はないでしょう。

六年ほど前にイギリス人と再婚しまして、今ウチは三人家族です。メイドさんはいますけど、自分でできることは自分でやりますし、みんな自由にやっています。主人も忙しい人ですけど、彼は仕事とプライベートの切り替えができる人ですね。私のほうが、いつも仕事、仕事って言って、家庭を顧みてないかも（笑）。仕事がらみの夕食が入ってしまうことが多くて、ちなみに今週はアポが入っていないのは月曜日だけです。

私がしょっちゅう外食して帰ってくるでしょう。酔っ払って帰ってきた姿を母に見られようものなら、「日本ならあなたはとっくの昔に追い出されている」と言われます。母は主人に「すいませんね」っていつも謝っているんですよ（苦笑）。

夫婦だけの時間も大事にしています。最近は時間がなくて二週間に一回になっていますが、どこかのバーで待ち合わせして食事に出かける。日本だと時間的な余裕もないでしょうし、子供を預けるのも大変でしょうね。家庭での共通語は英語で、娘と二人で話す時は日本語になります。仕事では英語がメインで、広東語は仕事をしていく中で覚えました。二年くらいで、ある程度使えるようになりました。

▲イギリス人の夫と娘と。娘が大学を卒業したら、ボランティア活動をする計画

一九年間香港にいて、いろんなことがありましたけど、一番辛かったのは二〇〇三年に旅行会社を解雇された時です。

ガイドは大好きな仕事で何度もガイドアワードをもらいましたが、八年以上続けて体力の限界を感じたので会社に相談をしたら、パッケージツアーのセクションでアシスタントマネージャーの席を用意してくれました。半年後にはマネージャーに昇格し、結果も出してきました。

解雇されたことに恨みは持っていません。私が香港で生きてこられたのも、借金を返済できたのもこの会社のおかげでしたから。ちょうどＳＡＲＳの時期で旅行業界は大打撃だったので、経営者側からすればリストラは必要だったと思います。給料の高い私を解雇するのもやむを得ないし、夫もいるわけですから解雇しても路頭には迷わないですしね。悲しかったのは、しばらく一時帰国をして香港に戻った翌日だったんですけど、午前中に開かれるはずの会議がなくなり、午後に呼び出されて解雇を言い渡されたことです。会社には貢献してきたつもりでしたから、一方的な通知ではなく一言相談してくれればという気持ちでした。その日のうちに荷物をまとめて出ていかなければならなくて…。そんな中でも嬉しかったのは、日本の支店の人たちが解雇を撤回させようと嘆願書を出そうとしてくれたり、海外の他の支店の人たちからも励ましの言葉をたくさんもらったことです。

一時間後には香港のホテルや旅行会社の知り合いはみな、私が解雇されたことを知っていました。街を歩いていると、知り合いが私と顔をあわせづらくて逃げていくんですよ。お世話になった会社に挨拶回りにも行きましたが、可哀想だと思ってくれる気持ちは有難かったですけど、その気持ちが苦痛でした。人から同情されるのがこんなに辛いことだなんて四〇歳を超えて初めて知りました。

一ヵ月間は電話にも出られなくて、引きこもりの状態でした。人から必要とされない辛さを痛感して、心が痛くて仕方なかった。帰宅した主人が毎日、「どこかへ出かけたのか」と聞くので、「出かけていない」と答えるでしょう。主人も悲しそうな顔をしていて、それも辛くて…。娘はその時、一五歳でしたけど、元気が出るようにってしょっちゅうカードを書いてくれました。私のことを純ちゃんって呼ぶんですけどね、「元気を出して。人間は転べば起き上がればいいんだから。純ちゃんは真面目だから、必ず雇いたいという会社はあるよ」って。家族に励まされて、このままじゃいけないと思いました。

北京語も勉強しなきゃいけないと以前から思っていたので、北京語教室に通うようになりました。そこで、日本人の主婦の人たちに会ったんですが、みなさん、ほんとに元気がある。ご主人の駐在で来ることになった香港の生活を楽しもうとしていましたし、将来、仕事に復帰するためにスキルアップをしようと努力する姿を見て、私も元気を出さなきゃと思うようになったんです。

人材紹介会社へ登録に行き、以前の待遇を話すと、「相当な高給なので、同じような待遇はムリですよ」と言われたんですが、運良くホテルから声がかかりまして、解雇されてから四ヵ月ほど経って就職をしました。以前と同じくらいの給料でしたし、ホテルはベネフィットも多いので、それを合わせると以前以上に待遇は良くなりました。

その後、吸収合併があって、別のホテルを経て、現在の香港情報を提供するポータルサイト運営会社に転職しました。新しく会社を立ち上げるからかかわってくれないかと、知り合いから声がかかりまして参加しました。今はホテルやツアーなどの仕入れを行なう営業部の総責任者として働いています。ですから、今も大好きな旅行関係に仕事にたずさわっています。ただ、ホテルからITということでまったく違う業界ですから、戸惑うこともありましたが新しい発見もあって楽しい毎日です。でもこの業界は忙しくて忙しくて、目が回りそうです（笑）。今までも忙しかったですが、IT業界は物事が決まっていくスピードが違うのですよね。

旅行会社を解雇されたことで、自分がいかに仕事が好きなのかを痛感しました。でも、娘が大学を卒業したら、仕事を辞めてボランティアをしたいなとも思っているんです。日本に帰ることですか？　それはないでしょうね。よほどのことがない限り、香港でこのまま暮らしていくと思います。もっと住みやすい場所があれば香港を出るかもしれないですけど、多分ないでしょう。香港はもう故郷のようなものですから。

北京語で働く

――北京語事情――

広東省では、深圳や東莞などに電子部品をはじめとする日系の製造業が数多く現地法人を設立。また、広州周辺には自動車産業の中国拠点が集中し、その下請け企業や関連産業も続々進出している。日常的には広東語が使われているものの、多くの人が北京語を話せるので北京語でも十分用は足りる。ビジネスの場になると、北京語が主要言語になる。というのも、広東省出身者だけでなく全国各地から中国人が集まっており、彼ら同士も北京語でなければ意思の疎通が図れないから。香港においても、広東省をはじめとして大陸とのビジネス上の結びつきが緊密化しているため、北京語の需要は高まるばかりだ。

外務省が発表した統計によれば、二〇〇五年一〇月現在、中国に在留する邦人は前年比一五・九％増の一一万四八九九人。うち広東省は、広州が三八〇九人、深圳が三二三〇人。人数から見れば上海や北京よりも少ないが、その増加率たるや各四六・八％、三八・一％と、すさまじい勢い。その多くは日本から派遣されてくる駐在員だが、北京語が堪能の現地採用者を雇いたいという企業も急増している。

働く環境としての広東省の特徴は、本人にやる気があれば経験不問で「イチから育成していこう」という日系企業が少なくないこと。だから、新卒で入社しながらも努力と実績が認められて二〇代で工場長を務めるまでにキャリアアップすることも可能だ。育成しようという姿勢が会社になくとも、何十年前の日本かと思うほどの過酷な環境に身を置かれることで、手探りで自分流の中国ビジネス術を体得してしまう若者もいる。ＩＴや物流などサービス業の求人も徐々に増えてきている。求人増加の証拠に、人材紹介会社も広東省に現地オフィスを次々に立ち上げていて、香港から広州へ転勤となった人材コンサルタントもいれば、海外の航空会社で働くという夢を広東省で果たした客室乗務員もいる。活躍の場はなにも若者だけに用意されているわけではない。熟練の技術者は製造現場で必要とされていて、日本で行き場を失っていた中高年の技術者が新たな生きがいを見出すこともできる。

働くことの喜びを教えてくれる場所――、それが「世界の工場」たる広東省なのだ。

日系メーカー工場長

⑫ 伊東幸太

ITO Kota

チャンスが多く、自分自身で経験を積んでいける場所

一九七八年三月一七日生まれ　大阪府出身
大阪府立高校卒
【職業】日系メーカー工場統括部長
【留学歴】一九九六年九月～九八年七月　厦門（アモイ）華僑大学、昆明華僑大学
【広東歴】一九九八年九月～
【休日】日曜日
【住居】工場敷地内の社員寮

日系の玩具工場で、工場長をさせてもらっています。日本人は七名で、総経理（社長）、副総経理（副社長）に次ぐナンバースリーの立場になります。中国人は第一、第二工場あわせて一五五〇人。それに外注工場が二つあるので、実質的には三〇〇〇人の従業員を抱える会社ということになります。

僕のミス一つで、ラインが止まる可能性もあるので、緊張感を持って仕事をしています。実は入

社して三年目くらいに、僕の段取りミスで現場が三日間止まったことがあって…。忙し過ぎたというのもありましたし、少し慣れて油断していたのかもしれません。自分は現場を分かっているつもりでも書類上でしか理解していなかった。工場はモノを作ってなんぼなわけで、ラインが止まるなんてあってはいけないことですから。

中国に興味を持つようになったのは、高校生の時です。大阪府が毎年、高校生の訪中団を派遣していて、海外好きの友達から「応募したいから、一緒についてきてくれ」と言われて。でも合格したのは僕だけで、高二の夏に上海と南京に行かせてもらいました。それから興味がわいて、高三の夏に西安へ一ヵ月間短期留学。費用は四〇万円近くしましたが、バイト代とバイクを売ったお金で払いました。通っていた高校は進学校で、ほとんどの人が大学へ行く。中国に来ていなければ、そのまま進学していたでしょうね。でも、大学生の話を聞いたりしても大学で何をするのかが見えなかったし、だからといって高校を卒業してすぐに就職というのも厳しいなと思った。今しかできないことがあるだろうと思って、長期で中国留学しようと決めました。学費の一番安い大学を探して、浮いたお金で旅行をしようという計画でした。この時の留学資金も、朝は新聞配達、昼は引越し、夜は料亭と一日中バイトをして貯めました。自分で稼いだお金のほうが使いやすいですから。

今は他の大学並みに高くなっていますけど、当時は華僑の大学って学費が半年で三五〇米ドルと安かったんですよ。アモイに一年いた後、姉妹校の昆明にも半年、またアモイに戻って半年と、合計二年留学しました。留学が終わる三、四ヵ月前から就職活動をスタート。まずは土地勘のあるアモイで就職できないかどうか調べたんですが、就職先がなかった。日本企業を顧客に持つ台湾系企業で雇ってくれるという話もありましたけど、保険もなければ何の手当てもない。アルバイト的な感じだったので、断りました。

その後、上海と深圳を拠点にして、それぞれ人材紹介会社に登録しました。上海の人材紹介会社では、「社会経験がゼロなので難しいだろう」と言われました。一社だけ紹介を受けましたけど、給料が一万元以下で衣食住のサポートは一切なし。税金や家賃を払ったら、手元に残るお金がほとんどないような条件です。上海は待遇面があまり良くないと聞いていましたけど、やっぱりそうだなと。

日本でも就職活動をするつもりだったので、いったん帰国。大阪の人材紹介会社に登録して、二社紹介されました。一社だけ面接を受けて内定をもらいましたが、仕事の全体像が見えなかったのと、同族会社で社長も部長も同じ苗字でやりにくそうなので、お断りしました。

中国にいる間は、深圳の人材紹介会社から一社も紹介がなかったんですけど、帰国した途端に何社か紹介が入ったので、また中国へ。珠海で日系の部品メーカー二社を受けて、最後に今の会社の面接を受けに来たんです。

一九九七年に設立された会社で、僕が面接を受けた時は一年が経ったばかり。今後どうなるか分からないクエスチョンだらけの会社でしたけど、新しい会社で挑戦できるのは魅力だなと思って。最初にもらった給料は一万二〇〇〇香港ドルで、*1食事と住居のサポート付き。高卒なら日本でも一七〜一八万円なので、妥当な金額ですよね。

与えられた主な仕事は、生産管理でした。ちょうど水族館で販売する魚介類のぬいぐるみの注文が入っていたんですが、その数が三〇〇種類。一部は生産が始まっていて、一部を開発中という段階で、みんなが混乱していました。「お前に聞けば、進行状況が分かるようにしておいてくれ」と言われて始めたんですが、例えばペンギンと一口に言ってもいろんな種類がある。ぱっと見ただけではエンペラーペンギンなのか何ペンギンなのかが分からないので、図鑑を参考にしたりして一つ一つ確認していきました。部材の管理から、進行状況の把握、生産・出荷の数量チェックまで膨大な量で、最初から壁にぶち当たってキツかったですが、このおかげで仕事の流れが分かりました。

一年が過ぎたあたりで、組織の体制が変わり、管理職がいなくなった。社長の補佐のような立場で、中国人女性と二人で現場の指揮をとるようになりました。工場には、四川、湖南、江西などいろいろな省の出身者がいます。今は、一つの省が半数を超えないようバランスに気をつけていますが、その頃は、福建省の管理職が増えたために工員の七割が福建省出身者でかたまってしまった。日本人の力でコントロールできない状況で、なぁなぁになっていいモノを作ろうという意識も低い。話し合いをしても改善の見込みが見られないので、管理職には辞めて頂いたわけです。

しかし、僕が指揮をとるといっても、まだ二一歳ですから、みんな自分より年上じゃないですか。社内的に肩書きが必要だということで、所属部署なしの部長になりました。それから二年くらいして、会社も軌道に乗って顧客も増えていき、売り上げも倍々でアップしていきました。営業も任されるようになり、営業部長として実質的な窓口になりました。

面接時に総経理からは、

「あなたの価値が、一万二〇〇〇香港ドルとは思っていない。それ以下の仕事しかできなければ辞めてもらうこともあるけれど、それ以上の仕事ができるなら、昇給は年に一回だけとこだわってはいない」と言われていました。事実、最初の一年に三回昇給してもらいました。今の年収ですか？　同世代の人の年収と比較すると二倍以上だと思います。物価は安いですけどね、不思議と貯まらないんですよ。半分は実家に仕送りしていますし、後は何に使っているのかなぁ、海外旅行にはよく行っていますね。居心地のいい会社ですが、一番好きなところは長期の休暇がとれるところ。二、三週間まとめて休めるので、しっかりリフレッシュできる。二、三日の休みではストレス解消にはならないですから。今年の旧正月にはイースター島に行ってきました。

僕の仕事は、爆弾処理班のようなもの。何かトラブルが起きた時に適切な処置をして、また通常の流れに戻すことです。気をつけていても、ミスは起きる。ピンクでなければならないぬいぐるみが緑になっていたりと、あり得ないはずのことも起きる。でも、起きてしまったことを怒っても仕方ないので、なぜ間違いが起きたのか、今後どうするのかを考えさせて、同じことが起きないようにする。ミスをした部門は気持ちが沈んでしまうので、その部門の全員を食事に連れていって元気づけたりすることもあります。

中国人は働かない、すぐ怠ける、と言う日本人がいますが、それは間違っていると思います。うちのワーカーはほとんどが地方からの出稼ぎですが、黙々と働いていますよ。お金を稼ぐということに対しての真剣度が違うんですよね。仕事上で口論になったとしても、翌日はいつも通りで、あっけらかんとしている。楽観的だし、主張もはっきりし過ぎるくらいはっきりしている人が多いので、一緒に働きやすいです。

ウチは最初、古い工場を借りて始めて、その後工場の組織改革がうまくいって、大きい新工場を建設、さらに今年第二工場も作った。そういう意味では、みんなで力をあわせてやってきた結果が形として残っているので、やりがいを持って働いてくれているんじゃないかと思います。

もちろん、仕事に慣れてくればズルをしたり、責任逃れをする者も出てくるし、同じミスを繰り返す者もいる。本人に気づいてもらうことが大事なので、じっくり話をします。それでも本人の態度が変わらなければ、タイトルを没収して一般ワーカーに戻すとか、罰金を課すとか、処置を考えています。

工場はワーカーがいてこそ成り立つ。意見があれば、いつでも言ってほしいと言ってあります。従業員の九割は女性で、彼女たちの要求で多いのは、宿舎の利便性に関してです。例えば、冬になるとお湯の供給が追いつかなくて不満が出る。一気に何百人もの人間がお湯を使おうとするので、シャワーが浴びれない。フロアごとに使用時間帯を決めて、それにあわせて退勤時間を調節することで納得してもらいました。

四、五年前には、水を巡ってストライキもありました。朝、出勤すると、工員が誰もいない。まだ古い工場・宿舎にいた頃のことですが、工場付近の水圧が低いために水の供給ができなくなった。他の会社は貯水タンクを作ったり、水を吸い上げるポンプを用意したりと対処していたんですが、ウチは何もしていなくて。こちらも非を認めて、改善策を約束したので、一時間半後にはみなラインに戻りました。

でも、要求されてもできることとできないことがあります。工場を運営していくにあたって、食事の問題はとても大切で、気を遣うことの一つです。中国は広いので、地方によってそれぞれ食の好みが違う。辛いものが好きといっても、出身省によって辛さの度合いも違います。今のコックは広東省の人間なので、彼女たちが納得する辛さではない。だからといって、どこかの省の基準にあわせれば、別の省の人間が納得しないので、自分の好きな香辛料を持参するようにと言ってあります。今は旧正月明けで戻ってきたばかりで、田舎からいろんな物を持ってきている。当分は大丈夫でしょうけど、それが切れた時には「もっと辛くしてくれ」と要求が出てくるでしょうね（苦笑）。

あと、気をつけているのは、靖国神社の参拝問題など、微妙な日中問題が起きた時に、中国を批判するようなことは言わない。二〇〇四年のサッカーのアジアカップ開催中も、職場の空気が変わりました。普段は仕事以外でもいろいろと話しかけてくるスタッフがよそよそしい。中国人同士で気にしているようです。こんな時に、日本人と仲良くしていると思われるのがイヤなんでしょうね。数日もすれば元に戻りますから、そういう時には静観します。

辞めようと思ったことですか？　一年目はずっとそんなことを思っていたようです。友達が言うには、「お前は最初の一年は、いつも辞めたいと言っていたぞ。いつ辞めるか、とずっと思っていた」と（苦笑）。自分ではあんまり覚えていないんですけどね。最初の一年は、長時間労働というのもキツかったし、いろんな意味でキャパをオーバーしていたんでしょうね。

自分よりも年上の人たちも指揮していかなければならない立場にあります。以前は、やりにくかった時期もありました。もう辞めてしまった日本人ですが、若い僕が上司だということに反発して話も聞いてくれなくて、業務に支障が出たこともありました。悔しかったですけど、二二、三の若造が何を言っているんだと思うのももっともな話なんで、仕事で結果を見せていくしかないと頑張ってきました。

今も、三〇代と四〇代の日本人がいます。立場上は僕が上になりますけど、経験や知識を持っている人たちなので、とても頼りにしていますし、僕の足りない部分をフォローしてもらっています。年上だからといって、やりにくいということはありませんね。ただ、この立場に驕らないように気をつけています。自分の年齢相応の立場は忘れないようにしないと。

この年齢で工場を任せてもらえるというのは、大抜擢だと思います。まさかこんなチャンスがあるとは思ってもいなかった。同じ中国でも、上海や他の都市では難しいでしょうけど、広東省にはチャンスが多いし、自分次第で経験を積んでいける場所だと思います。

（伊東さんは二〇〇六年秋、この玩具メーカーを退社。現在は広東省で日系部品メーカー工場長として勤務している）

＊1　詳しくは、座談会「広東で働くということ」、一四二ページを参照。

人材コンサルタント
⑬松本亜希子

MATSUMOTO Akiko

密な人間関係も慣れてしまえば居心地がいい

一九七五年十月三日生まれ　福島県出身
立教大学文学部フランス文学科卒
【職業】グッドジョブクリエーションズ　華南地区エリアマネージャー
【留学歴】二〇〇二年八月〜〇三年七月　暨南大学華文学院
【広東・香港歴】二〇〇二年八月〜
【休日】土・日曜日
【住居】2LDK（一〇〇〇平方フィート、八〇〇〇香港ドル）にインド人の夫と二人暮らし

ちょっと休憩しようと思って、広州へ留学しました。大学を卒業して会社に入ってしばらくは分からないことだらけで、目の前にある業務をこなすだけで精一杯。それが丸二年経つあたりから、だんだん周りが見えてくるようになりますよね。正直な話、仕事の内容に行き詰まっていました。社内で職種を変えることもできましたが、このまま同じ会社にいて自分が何をしていいのか分からない。とにかく環境を変えたいという気持ちだけ

でした。営業職だったのでいろんな企業の方とお話をします。その中で、中国への知識を持つ人材の需要が高くなっていることを肌で感じていましたし、社内の女性の先輩が会社を辞めて北京へ留学、そのまま中国や香港で働いていたのにも影響されました。先輩が滞在していた広州には二度行って、中国人の友人を紹介されていて親しみを感じていたのもあって、広州の曁南大学華文学院へ一年間留学しました。香港もいいなと思ったんですが、費用面を考えると中国のほうが安いですから。学費、寮費、食費諸々あわせて一〇〇万円あれば一年間留学することができますけど、香港なら二倍はするでしょ。世界にちらばる華僑のためにつくられた大学なので、学生の九割は華僑で、日本人はわずか一〇人。一時間授業を休んだだけでも先生から「どうしたの?」と電話がかかってくるような学校なので、勉強する環境としてはベストですよ。同級生はみなインドネシアやタイなど母国へ帰ってしまいましたが、今でもつきあいがあって、今年の旧正月にはインドネシアへ友人を訪ねました。

当社は人材紹介会社でして、私は主に華南地区[*1]の日本人人材を担当しています。求職者へはコンサルティングと仕事の紹介。企業に対しては人材を採用、活用するうえでの相談、質問への応対、そして人材の紹介です。それと、香港人スタッフを探している日系企業様に対しても、もう一人の日本人同僚と一緒に担当をしています。登録者への面接は、多い時で一日三人くらい。一人、約一時間半。本当にいろいろな方がいます。人生相談みたいなことを受けることもあって、気づいたら夜の一一時で四時間も面談していたこともあります。

退職されたエンジニアの方など、私よりも年上の登録者も多いですから、あちらとしても、若いお

さまざまな出会いがあって、人間関係のおかげで助けられることも

姉ちゃんで大丈夫だろうかと不安を感じられているのではないかと思います。こちらがいくらエージェントだとしても、経験をお持ちの方に敵うわけがありませんから、お話を聞くことに徹します。ご自分の専門分野や業界のことなど、教わることも多くて勉強になりますし。

お話をうかがったうえで、こちらができる範囲のアドバイスをする。自分自身のことって、自分では分かってないことってあるじゃないですか。私たちはいろんな人に会っていますので、比べるとこうですよと客観的な意見をお話しします。中には、クビになったり、中国語ができると思っていたのに実際は通じなかったり、中国人や香港人との人間関係でつまずいたりということで自信を喪失されている方もいます。職場には相性というものがありますから、A社でうまくいかなかったらといって自分を否定する必要はないわけです。深刻に考えすぎるのもよくないので、早く頭を切り替えて頑張りましょうとお話しします。中には、甘い考えの方もいらっしゃいますね。日本の常識が欠如していたり、あるいは努力もせずになんとかなるだろうと思っているような方には、はっきりと甘さを指摘します。

実は、日本でも人材業界にいたんです。中堅の人材派遣会社で、対企業への営業をしていました。ですからコンサルティングは初めての経験です。人材業界の仕事にはいくつかプロセスがあって、企業から「こんな人材が必要です」というオーダーを営業担当者がもらい、それを内部の求職者への面接・コンサルティングするチームに伝え、マッチングをする。その後、候補者の情報が上がってきて、営業が企業へ提案をするという流れです。実際面談をしていない人を企業に紹介しなければならないわけですから、後ろめたさもやりづらさも感じていました。ミスマッチも当然ありますが、日本では登録者数も多いですし、効率という面ではこのような流れ作業でいくしかない。でも、今は一連の流れにすべてかかわっていけるので、とてもやりやすい。企業の雰囲気も理解し、登録者の良いところも欠点も把握したうえで人材紹介ができるのは嬉しいことです。日本で行き詰まりを感じていたことですか? 全くなくなりました。目標設定ができる環境にいるからだと思います。トータルで人材コンサルティングをさせてもらえることもそうですし、広州支店の立ち上げにもかかわらせてもらいました。

社長は、どんどん役割を与えてくれる人なんです。ある程度慣れてきたなと思えば、頃合を見て新しい仕事を任せてくれる。上海人の経営者だからかもしれませんね。日本と香港で長年人材紹介業に携わり起業した人で、行動力もアイデアもあるけれど全然驕ったところがない。いい上司といい同僚に恵まれました。留学中は、今度勤めるなら他の業界にと思ったこともありましたけど、今は人材業界でやっていきたい。自分に向いていると思うし、まぁ、他に何もできないというのもあるんですけど（笑）。

広州支店への転勤の話が持ち上がった時は、再開しようと思っていたことがあったんですよ。卓球です（笑）。留学時代に、せっかく中国にいるんだから、中国的なものを習得したいなと思って、書道や中国舞踊などにもトライしてみました。でも、どれもスパルタ式じゃない、何かゆるいんですよ。もともとスポーツは大好きだし、とことんやれるものをと探していたら、卓球にぴんときて（笑）。広東省で二、三位という男子大学生に週四回、マンツーマンでコーチをしてもらいまして、北京語の勉強以外は卓球三昧の毎日でした、アハハハ。すごくお金も使いました。コーチ代が一時間五〇元で、毎回二時間。それに、プラス場所代が一時間一八元。卓球にいくら使ったのか一度計算しかけたんですけど、恐ろしくなって止めました（苦笑）。自分で言うのもなんですけど、かなり上達しましたよ（笑）。でも、香港では場所代が高いのと、一緒にやってくれる人がいなくて中断しています。中国だったらどこでも、卓球の相手はいっぱいいて、あらゆる所に卓球台があって、安い値段で楽しめるんですけど。

でも、結局は卓球には戻ることなく、ヨガにハマっています（笑）。同僚であり、香港時代のルームメートでもあったジュリアンという香港人女性に勧められまして。香港に来て半年くらい経って生活に慣れた頃、ストレスではないんですけど、体調を崩したことがあったんです。ヨガって流行っているじゃないですか、だからやりたくなかったんですけどね。フリーチケットをもらったので一度行ったら、見事にハマってしまった（笑）。香港時代は毎晩ヨガのクラスに通いましたし、広州に移ってからもヨガは続けています。ウィークデーは仕事漬けで、週末は香港へ行ってヨガをやり友人に会うという生活です。

いずれインドの大会にも出るつもりだし、インドの大学の通信課程を受ける予定でいます。一年のコースで、受講してテストに合格するとディプロマ（免状）がもらえるので、挑戦したいと思います。日本にいた頃はよく飲んだくれていましたけど、香港に来てからはほとんどお酒を飲まなくなりました。夜はヨガがあるし、お酒で発散しなきゃいけないストレスもないので。ベジタリアンにもなりました。ヨガのおかげで生活も改善できたし、体力もつきました。

ジュリアンはヨガも勧めてくれましたけど、実はこの職場に入るきっかけを作ってくれた人でもあるんです。北京に留学した会社の先輩が以前、香港のある会社で働いていたことがあって、その時の同僚がジュリアンです。広州に遊びに来た彼女と初めて会ったのは留学して半年くらいの頃でした。その二週間後に、「アキコ、仕事をする気はない?」という電話がかかってきて…。たまたま日本人スタッフが一人辞めたところで、社長に私のことを話したら会いたいということになり、いつの間にか面接することになっていました。仕事はしなきゃなぁという漠然とした思いもあったし、面接慣れしておきたいのもあって軽い気持ちで面接を受けたんですが、すぐに内定を頂きました。まだ半年間、学期が残っていましたが、有難いことに修了まで入社を待って下さって…。いま思えば、すべて縁ですよね。私が広州支店へ転勤するまで、彼女とは職場も住まいも一緒でした。「ずっと一緒なんて息が詰まるんじゃない」と日本人の友人には言われたこともありましたが、楽しかったですよ。互いに干渉もしないけど、困った時には助けてくれる。今も、いい関係ですね。

香港で就職し、その後広州支店へ転勤。広州にはトータルで一年あまり在籍しましたが、日々のオペレーションも軌道に乗ってきましたし、日本人スタッフの増員もありましたので、私は今後香港に籍を置きつつ週に一度出張するというペースになっていくと思います。広州支店では、コンサルティング業務に加えて、少し経営にもかかわるようになりました。今までのように自分の営業成績だけを上げていけばいいという立場から、メンタル面も含めてのスタッフのサポートをし、オフィス全体の実績をつくっていくというのは、とても勉強になりました。当初は自分自身に余裕がなくて、スタッフの悪いところばかりが目に付いて、そこをちくちく注意してしまって失敗もしました。今は私がケアをしなくてもむどころか、逆にスタッフに私が助けられたり、元気をもらうことが多くなったなぁと思います。

今後も華南地区を担当することになります。華南地区の日系企業は今ものすごい勢いで人材を必要としていますが、需要に供給が追いつかない完全な売り手市場です。社会人経験があり中国語ができる日本人であれば上海や北京の二、三倍の選択肢があると思います。同じポジションでも、待遇にも開きがあります。例えば、市内勤務の営業職だとして、上海は住宅手当なしの八〇〇〇元くらいからですが、広東省ではその二倍近くになる場合もあります。もちろん、お給料など待遇だけが全てではありませんが、選択肢の多さを考えると、北京語を習得した留学生には広東省にもぜひ目を向けてほしいですね。

香港勤務に戻る理由のひとつは、プライベートでも変化があったからなんです。先日、私のヨガの先生だった男性と入籍しました。来年初めにインドで結婚式を挙げる予定なのですが、披露宴には一〇〇〇人くらい招待するらしいです。歌ったり踊ったり、何日か続くようです。私も踊ることになっていまして、その練習や披露宴の準備もあって一ヵ月間の休暇を会社に申請したところです。まさか、香港でヨガと出会い、インド人の夫と結婚するとは思いもしなかったことですね（笑）。

あの時決断して広州へ留学し、香港で働き始めてよかったと思います。香港人から見習うべきところも、いっぱいありますしね。会社は、社長が上海人で、あとは香港人三人と日本人が二人。香港人はみな仕事が速いし、よく働く。日本人よりもハードワーカーで、モチベーションも高い。ステップアップしていきたい、自分を磨きたいという気持ちも強いです。そういう現状に甘んじないところは見習っていきたいですね。海外へ出ることを迷っている人がいるなら、行動したほうがいいと言いたいですね。仕事で言えば、まず視野が広がりました。日本にいた頃は日常業務のことしか考えられませんでしたけど、今は例えばある大企業が広州進出という記事を読めば、自分に何ができるか、同僚とどう連携すればいいか、会社の売り上げをどう上げていけるか、と積極的に考えられるようになりました。仕事へのモチベーションが変わったのだと思います。

仕事以外では、ヨガなどを通じていろんな国の人と知り合いになれて、いろんな考え方や文化があることを知りました。友人や親子の関係の大切さを再認識したということも大きい。日本は人間関係が希薄になって、友人との関係でも一線を引いて遠慮しがちですけど、こちらには密な人間関係がある。それに慣れてしまうと居心地がよくて、頼るところは頼っていいんだなと思えるようになりましたね（笑）。

＊1　福建、広東、海南各省、広西チワン自治区を指すが、現在特に人材の需要が高まっているのは広東省。

14 中西武儀

NAKANISHI Takeyoshi

金型設計技術者

中国に来て、生きる道を与えられた

一九四七年四月一一日生まれ　大阪府出身
私立天満製図専門学校卒
【職業】金型設計技術者
【広東歴】二〇〇三年八月〜
【休日】基本的に土・日曜日
【住居】2LDK（一〇〇平米、二三〇〇元）

東大阪で二〇〇三年七月まで金型工場を経営してましたが、得意先の家電メーカーの海外進出が始まって仕事量が少なくなり、経営悪化で同業者の倒産が増えていました。中国へ進出するというチャンスも何度かありましたけど、従業員の生活も心配で、思い切ったこともできず悩んでいたんです。しかし、海外に出るチャンスがある時にと思って決断、工場を廃業しました。

僕の家は貧しかったんで、小学三年の時から

ずっと働いてます。学校も中学と専門学校しか出てないですけどね、何でもやればできると思ってるし、ずっとがむしゃらに働いてきました。だから、工場をたたんでも長年の技術や経験は活かしたいし、海外で技術指導をするという夢もありました。子供は三人おるんですが、みな大学も卒業しましたしね、日本に仕事がないなら海外へ行こうかと思ったんです。

金型一筋に四〇年、電子レンジやスピーカー、暖房・冷房器具、照明、オートバイ、ビデオ、車の部品などのプレス金型を設計製作してきました。韓国とも一九八〇年からかかわっていて、その二年後からは韓国の金型メーカーから来てくれと言われて技術指導もしていて、一年の半分は韓国に滞在しておったんです。だから行く会社はいろいろあったんですが、全然知らない場所へ行くのもいいと思って、インターネットで検索してみました。香港の人材紹介会社のパソナにコンタクトをとってみたら、三、四社紹介をされた。二社の面接を受けて、深圳の日系金型工場に入りました。面接を受けたもう一社は、精密モーターの会社でね、扱うのが小さいものだったんですよ。できんことはないんですけど、若い時と違って目が悪くなっているから、自分で満足できる仕事ができんと思って断りました。

この金型工場には、一年半ほど勤めさせてもらいました。お客さんと一緒になって取り組んだ開発が成功もしてすごく満足はしていたんですが、事情があって退社することになりました。

日本は今ね、技術を持っているような人でもね、仕事がなくて職業安定所に群がっています。技術者を大事にしてない国ってのはね、だめなんですよ。アメリカもそのような時代があり、モノをどんどん作ってどんどん消費した。それで、モノ作りが崩壊してしまって、家電ではGEだけしか残ってないでしょ。日本でも同じことが起こってます。モノ作りでも相当特殊な技術は残ってますが、かなりのメーカーが中国へ来てしまっている。それでは駄目なんですよという危険信号を僕はずっと発してきたんです。一〇年くらい前からです。政治家にも言って回ったし、講演もたくさんしたりしたしね。技術者を守らないと、三流国になってしまいますよ、って。

ヨーロッパなんかは国が技術者をちゃんと保護している。でも日本はそうしてこなかった。海外に企業が出るのはいいんだけど、全部出てしまったらダメですよ。半分は出るけど、半分は日本に残るというような法律を作るべき。でも、どんどん海外へ出てしまったから失業者もどんどん出る。ようやくいくつかの企業が、本当の技術、匠《たくみ》の技を持つ人が日本にいないとダメだと気づき始めてますけどね。

机の上での計算だけではモノ作りというのは絶対成り立たない。モノを作ることで今の日本ができ上がってきたのに、日本人の匠の技を忘れてしまっている。技術者の行き場がなくなって、生活に困っている。長年の経験とか培った技術はすごいものなのに、ゴミのように捨てられていて、技術者が評価されない国になってしまっている。同じ技術者として気持ちが分かるから、そういう困っている人たちを何とかしてあげたい。今、僕は中国に来て、生きる道を与えられたように思うからです。

中国に行くと決めた時に、「中西さんが日本を出ていったら、技術の流出になりますよ」と言われたけど、僕はそうは思ってない。日本の大企業が生産工場を深圳、広州などに作っていますよね。ホンダ、トヨタ、日産、それに*1白物家電《しろものかでん》や複写機業界は全メーカーが出てきてます。そうすると、一次下請けが来て、さらに二次下請けも来る。日系企業は世界の品質基準で生産管理をしているので、それに対応できる日本の技術者や中国の技術者を指導できる人が必要になってきています。日本で働くところがない日本人の技術者が一ヵ月のうち一〇日でもいいんです、技術を教えることで、生きがいを感じるわけです。それこそ長生きの秘訣で、若い人と接することができるから、人を育てるという夢も持てます。

深圳の会社を辞めたのは、技術者としてのプライドを傷つけられたからです。あるメーカーの製品の心臓部を開発したので、その開発図面に技術提案者の僕の名前を入れてほしいとお願いしていたんですが、それを守ってもらえなかった。クリンチという技術を開発していまして、これは板金関係フレームのボルトの代わりにも使用できるもので、大きなコストダウンにつながるんです。

ただ、この世界でもめてしまえば、生き残ってはいけない。信用第一ですからね、よその国へ行ってもね、僕が勝手に自分の利益だけを求めていると思われたら生きてはいけない。なので、会社の方から元請けの会社へ申請をして下さいとお願いしていたんですが、結局ずっと何もしていないことが分かりました。簡単に開発できる技術ではないんです。元請けの会社は日本でも三社、中国でも二社に生産依頼をしたそうですが技術的にムリだと言われ、僕が勤めていた会社に相談に来られて、その後製品化に成功しました。その製品は世界的にヒットしまして、月産何十万台で生産されているようです。

プライドの問題です。それで会社を辞めて、自分で書類を作り中国の特許局に申請をしました。日本で金型の特許が騒がれるようになったのは、LSI（大規模集積回路）の頃からです。僕がここで頑張らないと、こういうことはまた起きる。泣いている人もいます。ここで僕が踏ん張れば、他の技術者の人もやる気が出るでしょ、自分もやってみようかと。それが常識になってくれれば、持っている技術をもう一度引き出しから出してみようという人も出てくる。こんなコピー天国で、特許申請しようと思う日本人技術者なんて今までいなかったそうです。申請時に日本人がするのは珍しいと言われましたから。でも特許が下りれば夢も出てくる。同年代の技術者も勇気が出てくるはずです。

先月、特許事務所から半年後には特許が下りるだろうと連絡がありました。特許が下りたらね、その資金で世界最先端の金型工場を作ろうと思っているんです。そこで若い子たちを教える。僕に技術を教えてほしいという子はこの深圳には、たくさんいますからね。前の会社を辞めた次の日から、手伝ってほしい、教えてほしいという会社があって協力しています。毎日ではないけど、時間があれば行ってあげてますし、一時帰国中もEメールが入ってくるので相談にも乗ります。僕の持っている技術は、こっちにはないトップの技術やからね。それが生かせて、喜んでもらえるなら嬉しい。

中国人の若い人たちと接していたら、わくわくしますよ。気持ちが二〇代に戻ったような。技術に関する日本の雑誌とかも見せたりしています。若い子たちには、「将来いい生活がしたければ、いま頑張りなさい」と励ましてます。みんなね、家族と離れて出稼ぎに来ているから、「一緒に暮らせるようになるためにも、僕の技術を盗みなさい」と。僕は昔から、韓国の留学生たちをお世話してきました。親代わりです。それも、次代につなげていくことやと思ってるからで、今も気持ちは変わりません。

中国は、一〇年かかるところを一年でやっていこうとする国。僕も三年を一年でやるつもりでやってきた。だから、新しい開発もすることができたんやと思ってます。日本人もこれからは考え方を変えないとダメやね、日本に帰ると、いつもそう言ってるんですよ。

ここは東大阪とよう似てます。石を投げたら、工場に当たる。技術もある程度整っています。でも、急にこの一〇年くらいで経済が発展したので、基礎がない。最先端のことを今はやれても、基礎がないから次につながらないんです。そこを肩入れしてやりたい。

この華南地区にはあらゆる業種の会社があるので、モノを作るのが簡単なんですよ。塗装にしてもメッキにしてもね、全部揃っている。まさに東大阪みたいなところで、歩けば工場にぶつかる（笑）。二四時間体制で工場も動いているから、製品ができるスピードも速い。地震もないから、精密をやるのにも向いている地域なんですよね。それに、くるっと円を描いたら、香港はもちろんベトナム、タイが入ってくる。輸送も便利という、すごく恵まれたところですよ。だから、グローバルなモノ作りができる。

中国はやがて、世界の金型工場になります。そこには日本の技術が必要で、希望をなくしている日本人技術者の力も生かすことができる。日本人技術者村を作りたい。こないだ日本に帰った時も、日本でやっていても仕事はだんだんなくなる、と嘆く技術者に会いました。中国に来たいと言って来る人もたくさんいます。技術には国境がないから、言葉がなくても通じますからね。

とにかく今は、特許の問題を片付けてしまわんと。中国に来てまだ三年やから、いろんなことが分からへんけど、有難いことに応援してくれる人も多い。横のつながりをもっと広げて、力をあわせてやっていきたい。軍団みたいなものやね、マイスター集団です。韓国の企業からも手を貸してほしいと言われてるし、こっちに開発拠点を作って、日本、中国、韓国の三国を軸に頭脳集団を展開できたらええなと思って。開発したものやアイデアを逆にメーカーに売る、そんな会社を作っていけたらいいですね。

＊1　家事の労力を減らすための家電製品のこと。炊飯器、冷蔵庫、洗濯機、電子レンジ、エアコンなど。

15 客室乗務員 長谷川綾

HASEGAWA Aya

頑張れた分だけ、次のステップアップにつながる

一九八二年一二月一一日生まれ　新潟県出身
国際エアリゾート専門学校国際エアライン課卒
【職業】中国系航空会社　客室乗務員
【留学歴】二〇〇一年三月〜〇二年三月　カナダ・トロント大学ESLコース
【広東歴】二〇〇四年五月〜
【休日】不定
【住居】2LDK（約一〇〇平方メートル、家賃会社補助あり、個人負担四〇〇〇元）を日本人同僚とシェア

中国系航空会社の日本人客室乗務員の二期生として働いています。日本人クルーは現在、七名です。一四名体制の時期もあったんですが、人数が減りとても忙しくなりました。日本路線は広州―東京便と広州―大阪便の二路線で、朝の日本行きに乗ってお昼に到着し、午後日本から広州に戻ってくるというスケジュールで動いています。現在、三期生一七名が訓練中で、彼女たちの訓練終了後には広州―上海―北九州、広州―福岡路線へのフ

ライトも始まる予定です。

一ヵ月の飛行時間が中国の規定で一二〇時間以内と決められているのですが、ほとんど規定ぎりぎりの一一五時間はフライトしています。日数で言うと、以前は毎月だいたい一二、三日でしたが、今は一五日勤務。二日仕事をして、二日休みといったシフトで、特に忙しくなると三日連続ということもあります。旧正月前後はすごく忙しかったので、一日飛んで一日休むというサイクルがしばらく続いたんですが、運が良ければ一日飛んで三日休めることがたまにありますが、今は滅多にありません。まとまった時間もとれないので、いろいろ旅行もしてみたいとも思うんですが、まだ電車で二時間の香港にしか行ったことはないですね。

フライト日は東京便か大阪便かによって違いますが、朝四時か五時起きで、帰宅すると夜八時半頃。もう疲れ切っていてご飯を食べて、シャワーを浴びて寝てしまうという生活です。

住まいは会社の持つ招待所、まぁホテルのようなところなので、キッチンはありません。食事は近くの中華レストランから出前を取ってすませるか、ジャスコで買った電気プレートで簡単な料理を作ったりする程度です。

基本給は人民元が数千元で、フライト給は日本円で頂いています。お給料はすごくいいわけではないですが、そこそこの額で悪くはありません。広州って、遊ぶところも買物するところも限られていますし、物価も安いですから、貯金もできます。日本にいるよりはずっと貯まると思いますね。

役得ですか？　ないですね（苦笑）。日帰りで帰ってくるシフトなので宿泊もないし、免税店にしょっちゅう行けることとくらいですか。日本のスチュワーデスみたいにキャピキャピなんてしていないですし、華やかでもありません。合コンですか？　もちろん、ありません（笑）。

高校を卒業してカナダに一年と少し留学して、帰国後に専門学校の国際エアライン課に入学しました。インターンシップ制度を利用して、一年生の終わりから二年生の初めにかけて半年間、タイのプーケット島のホテルで働いたんですね。とても楽しい研修だったので、ホテル業界への興味がすごくわきました。

就職活動というほどの活動は、そんなにしていないんです。学校から海外のホテルを紹介してもらったり、エアライン業界で求人が出ている時に履歴書を出したりというくらい。学校から紹介されたホテルは、タイとかフィリピン、マレーシア…、それに中国のホテルもありましたね。でも、私の希望はリゾートホテルだったので、行きたいと思えるところはあまりありませんでした。

日本国外で働きたかったので、日本国内のホテルにはあまり興味がありませんでしたし、エアライン業界も応募したのは今の会社も含めて外資系ばかり三社です。

最初に受けたのが、アラブ首長国連邦のエミレーツ航空。サービスが良いことで有名で、雑誌の「エアライン・オブ・ザ・イヤー」などの賞をシンガポールエアラインとよく競い合っています。エアライン業界の志望者にも人気の高い会社なんですよ。書類選考は通ったんですが、一次面接で落ちました。

一次には一〇〇人くらいが呼ばれて、二〇人ずつの集団面接でした。テーマは、機内にいると想定して、それぞれが機内キャプテン、副キャプテン、客室乗務員、お客さんの役になり、これから行きたい国をディスカッションする、というもの。人数の多さに圧倒されて、力を発揮できませんでした。

私はお客役でした。二〇分という時間の中で発言もできなければいけませんが、それだけじゃなくて、思いやりがあるとか、人の話をよく聞いてあげられる、協調性があるとか、を見られていたんだと思います。もちろんディスカッションは英語で、受験者の周りをイギリス人の女性の面接官が歩きながら採点をしていくんですが、うまくアピールできませんでした。

次に受けたのが、韓国のアシアナ航空。私が応募する一回前の採用試験で、クラスメートが合格していて、すでにこの時働いていました。彼女から会社の様子も聞いていて、働きやすそうな会社だと思って。四人ずつの集団面接で、英語と日本語で行なわれました。特に難しいことも聞かれずうまく受け答えできたと思うんですが、最後のお辞儀の所作で失敗してしまって…。

エミレーツもアシアナもそれぞれ自社ウェブサイトに採用情報が掲載されていて応募したんですが、今の会社の募集は、エアライン業界を志望している人のためのサイト[*1]を見て知りました。そこに、今の会社が募集をしているという書き込みが載っていたんです。関西版の朝日新聞にだけ求人広告が出ていたらしくて、関西に住んでいなかった私には知りようがないですよね。誰かの書き込みのおかげで、履歴書を送ることができました。

履歴書を出してしばらくしてから連絡があって、「明日面接に来て下さい」と言われました。新潟から大阪に行かなければならないし、急な連絡だったので一晩悩みましたが、受験することにしました。一次面接は一人ずつで、面接官は大阪支店の中国人数人と、日本人の女性一人でした。言葉は、すべて英語です。新潟に戻って一週間くらいしてから、二次面接に来て下さいと連絡が入りました。健康診断も受けてくるようにという話でしたので、診断書も持参したんですが、診断項目がいっぱいあるので、五万円もかかったんですよ。後から診断費用として三万円は支給されましたけど。

アシアナの面接が三月初めで、中国の会社が三月中旬。卒業式の時はまだ面接を受けている段階で、少し不安な気持ちでした。クラスメートはほとんどが、ホテル業界や空港内スタッフの職を見つけていましたし。最終的に採用が決まったのが四月中旬で、五月のゴールデンウィーク明けに広州へ来ました。私のクラスは三〇人ちょっとで、二〇人以上が客室乗務員の試験を受けたんだと思います。そのうち合格したのは日本航空が一人と、先ほど話したアシアナ航空の友人、それに私の三人です。

客室乗務員の募集はどこの航空会社でも一〇〇〇通単位の応募があります。アシアナのような人気のある会社は、二〇〇〇通以上来ると思います。ここの場合は一期生の時で一三〇〇通応募があったそうですから、私たちの時も同じくらいじゃないでしょうか。私は本当にラッキーだったと思います。

実はこの時、フィリピンのホテルの話も進んでいました。書類でＯＫが出て、後は電話面接で私が意思表示をするという段階だったんです。ホテル業界への興味はありました。でも、ホテルならこれからも働くチャンスはあるでしょうけど、エアライン業界に入れる保証はないと思って、中国へ行くことを決めました。競争率が高くて、運とチャンスがなければ入れない世界ですから。

客室乗務員になるための研修が二ヵ月弱ありました。飛行機の機種の構造や緊急事態の訓練、サービスの仕方などを中国人の教官から英語で教わりました。

訓練ってもっと厳しいものだ、と聞いていたんですね。たぶん日系の研修はかなり厳しいと思いますし。テレビの『スチュワーデス物語』でもそうですけど、泣きながら訓練を受けていましたよね（笑）。でもここは、それと全く違うんです。和気藹々とした雰囲気で、こんな訓練で大丈夫なのかと思いました。

▲中国人同僚たちはサバサバしていて、つきあいやすい

例えば、サービスのレッスンなら、日系であれば、立ち姿や手の添え方、お客様からお食事を下げる時の腰の上げ方とか、お辞儀の角度…、と細かく厳しくレッスンするはずです。中国系は、食事は出せばいい下げればいい、だけですから（苦笑）。

地上の訓練が終わると、パーサーやチーフパーサークラスの教官と一緒に一〇〇時間乗務します。その後、試験を受けてパスし、八月中旬に一人立ちをしました。

実際に乗務するようになって、困ったのは中国人クルーとコミュニケーションがとれないことでした。教官は英語が堪能だったんですけど、現場には英語の話せるクルーがほとんどいない。挨拶程度の簡単なことしか話せない人が多くて、最初はすごく不安でした。こちらは中国語が分からないし、同僚は英語も日本語も分からない。こちらが英語で聞いても、私が中国語ができないのを分かっていて中国語で返してくるんですよ。それは意地悪というわけではないんです、英語が喋れないからだと思います。

中には、日本人のことが嫌いなクルーもいます。待遇面の違いに反発を感じていたり、心底日本人が嫌いな人もいますし。そういうクルーはこちらが何かをお願いしても、無視されたり。やりにくさもありますけど、何千人もクルーがいるので、いろんな人がいて当たり前ですよね。

でも、ドロドロした人間関係はないんです。そこは中国人のいいところじゃないですか。パーサークラスと若い乗務員でも、仲良しですし。上下関係は見ている限り、ないと思います。そういう面では、つきあいやすいですね。

違和感を覚えるのは、サービスに対する考え方です。例えば、最初にお絞りとナッツを配るんですけど、日本人クルーは一人一人に手渡ししますが、中国人は渡せばいいという感じで、ポンと投げちゃったり。中国人はせっかちですね。何でもすごく速い。速いことがいいサービスだと彼女たちは思っているんです。「投げるのは止めて」ってお願いしても、理解はしてもらえない。「どうして？　何がいけないの？」という感じです。訓練では、投げていいなんて教わってないんですけど。

中国人は体を冷やすのは良くないと思っているので、冷たい飲み物をあまり飲まないじゃないですか。だから日本線に慣れていない中国人クルーは、コーラーやスプライトに氷を入れないでぬるいままで渡してしまう。サービスに対する考え方の違いは、乗務するようになってから分かりました。考え方の違いを変えていくのは、難しいですね。

あっ、いま痰《たん》を吐いている音が聞こえましたよね。中国に来てすぐに、痰をカー、ペッと吐くおじさんたちを見た時は本当にびっくりしました。今だって、ここはホテルのラウンジですよね、そんな人がいるなんて…。ティッシュを使わずに手鼻をかむ人もいますよね。可愛い女性が手鼻をかむのを見て、信じられませんでした。何度見ても慣れることはできませんけど、文化だとしたらしょうがないですよね。私は染まらないようにするだけです。

この会社で一〇年も二〇年もやろうとは思っていないので、次のステップのために、何を吸収していけるかを考えています。次は、ホテル業界へ行くか、あるいは他のエアラインへ。いずれにしろサービス業に行くと思います。この航空会社のレベルは高くはありません。日系に比べたらサービスの水準もかなり落ちると思います。この低い水準の中でそれに染まらずに、どれだけ自分が頑張れるのか。頑張れた分だけ、次のステップにつながると思うので、それを目標にして今は働いています。中国人クルーと同じサービスしかできないんだったら、会社も日本人を雇っている意味がないですしね。

それから、もっと北京語が話せるようにならなきゃと思います。今はまだ機内用語と、簡単な日常会話だけしか喋れません。中国人の同僚に機内の中で教えてもらいながら、覚えてきました。私がもう少し話せるようになれば、同僚とも話がはずんで仕事ももっと楽しくなると思うので、今、家庭教師をしてくれる先生を探しているんです。

＊1　キャビンアテンダント・地上職就職情報クルーネット（http://www.crew-jp.com/）

部品メーカー営業

16 平川丈博

HIRAKAWA Takehiro

中国語のおかげで、自分が成長することができた

一九七三年三月二四日生まれ　大阪府出身
大阪工業短期大学機械科卒、駿台外語国際専門学校中国語学科卒
【職業】日系部品メーカー　セールスアシスタントマネージャー
【留学歴】一九九六年九月〜一九九七年七月　煙台師範学院
【香港・広東歴】一九九八年四月〜二〇〇五年三月
【休日】土・日曜日
【住居】香港　2LDK(六八〇平方フィート、一万三〇〇〇香港ドル)　東莞　2LDK(約八〇平米、二二〇〇元)　妻と男児の三人暮らし

動機は不純なんですよ。中国語を勉強しようと思ったのは、金儲けをしたかったからなんです(笑)。

高校、大学と機械科で、車が好きだったので車のエンジン部分を作っている会社に入社。希望していた開発や設計には行かせてもらえず、社内設備の修理工でした。それで、一年で退職。でも、いざ辞めると今度は何をやっていいのか分からず、いわゆるフリーターを約二年やっていました。

大手電器メーカーで派遣社員として働いていたんですが、その会社は古くから中国とビジネスをしているので、中国人の方がたびたび会社を訪問される。通訳も同行するわけですが、専門の通訳会社から来ているわけではなくて、大学生のアルバイトがやっていました。ある日、その大学生と給料の話になりまして。私は時給一〇〇〇円で日給八〇〇〇円なのに、彼は二時間のアルバイトで一万円を超える。そんなにもらえるものなら外国語をやろうじゃないか。そう思ったのがきっかけなんです。

当時、大阪で唯一の中国語の専門学校に入りました。専門学校は二年間で、一年が終わって休学して留学。専門学校が提携する北京の大学へ行くという方法もあったんですが、費用も安くて、日本人の少ない環境に身を置きたくて、留学先は山東省の煙台を選びました。

煙台師範大学ではめちゃめちゃ勉強しました。今までの人生の中で一番勉強したんじゃないかなぁ。煙台には、遊ぶところもないですから。それも狙いだったんですけどね。北京だと誘惑というものがあると思って、勉強する以外に何もない環境を選びました。おかげで帰国する頃には、使える中国語が身に付きました。専門用語として、通常の会話には困らないだろうと。勉強が好きだったわけではなくて、必死だっただけです。お金を儲けてやろうという最初の考えもあったし、フリーターということで友人たちからバカにされていたので、見返してやりたかった。意地があったから、頑張れたんだと思います。

帰国して、就職活動をスタート。本社は大阪で、工場が中国にあり駐在員として派遣してもらえる会社を狙いました。当時は五社くらいしかなかったですけど、今なら対象となる企業は五〇倍、一〇〇倍はあるでしょうね。いくつか内定をもらいましたが、すぐに中国でバリバリ働けそうな会社ということで、入社を決めました。三月に専門学校を卒業。一ヵ月日本で研修して、一九九八年四月に正式入社と同時に東莞市の工場に赴任しました。二五歳でした。

工場があった場所は東莞市の中でも下から二番目に貧乏な鎮[*1]で、日系工場は一社だけ。バナナ畑しかない場所にぽつんと工場が立っていました（笑）。おまけに工場の前には岩山があって、石の採掘現場でした。毎日バンバン鳴るダイナマイトの音で、工場がぐらぐら揺れる。音もすごいですけど、埃もすごい。こっちに来て一週間で、退職を考えました（苦笑）。

インフラも整っていなかったので、水も水道水ではなくて井戸水なんですよ。工場の脇に大きな水を汲む業務用ポンプがありました。断水も停電もしょっちゅう。さすがに三日断水が続いてシャワーが浴びられないと耐えられない。村の人の家で五右衛門風呂に入れてもらったこともありました。事務所にはクーラーがなかったので、毎日汗をだらだら流しながら仕事をする。書類を書いていても、汗で紙が手にくっつく。本当に気がおかしくなりそうでした。日本の何十年も前の生活ですよね、でも人間って不思議なもので慣れてくるんですよ。とにかく中国で成功したいんだから、ここで帰国したら負けることになると思って頑張りました。

常駐は私一人。一ヵ月交替で日本から総経理（社長）か技術部長が来るので、そのどちらかと工場の目の前にある一軒家に住んでいました。仕事は月曜から土曜日まで。日曜はとにかく寝ていましたね（笑）。食事は工場の賄いご飯で、もちろん中華です。日本料理が恋しくなることもありましたけど、その頃、市の中心部にも日本料理屋はあまりなくて一、二軒だったかなぁ。今は道も整備されましたけど、当時は中心部から工場まで車で一時間半、往復三時間かかるわけじゃないですか。それだけの時間をかけて日本料理を食べるよりは、香港に出た時に日本のカップラーメンを買ったほうがよかった。

経理上の支払いをする必要とビザの問題があって、一ヵ月に一回は香港に行っていたんですね。香港では支払いが終わると、ジャスコや日系デパートに行ってカップラーメンやお菓子を買って帰ってくる。往復八時間かかったので、香港にいられるのはいつも二時間くらいでした。

今は若い世代の日本人も増えていますけど、その頃は経験豊富な五〇代以上の方しかいなかった。華南地区日本人青年会[*2]に参加するまで、日本人の友人は一人もいませんでした。三、四ヵ月に一回ある飲み会が楽しみでしたね。ほかに楽しみはというと、四ヵ月に一回の帰国。過酷な生活環境ということで、会社が一週間休暇をとらせてくれていました。


仕事としては、顧客先の訪問と工員一〇〇名の管理を任されましたが、最初はそれどころじゃありませんでした。環境が環境なだけに慣れることが優先でしたし、思っていたよりも留学中の勉強が役に立たなかったんです。会話は成立するんですが、専門用語が分からない。毎日五時くらいに仕事が終わると、一二時くらいまで勉強しました。煙台で勉強したことの復習と、仕事上で分からない言葉があればすぐメモを取って、後で単語を調べて例文を作ったり。仕事の指示をするにしても、中国人の彼らを納得させるだけの理屈を中国語で言えないといけない。初めは言い負かされてばかりでした。悔しいので、明日はこう言ってやろうと家に帰っていろいろ考える。次の日に、用意した言葉を言うと、また言い返される。それでまた考えて、次の日に言う。その繰り返しで、自分の中国語の力を高めていきました。

本当の意味での工場管理ができるようになったのは、二年目からです。工員は中卒だったらいいほうで、小卒も当たり前でした。平気で休んで平気で辞めていきますから、その補充も大変でしたね。面接をして、適材適所に配属させて、給料を決める。日本の給料体制は平均的ですが、ここでは違います。できる人の賃金はどんどんアップしてあげ、できない人にはそれなりにする。

とはいっても、最初は失敗もありました。ある工員の賃金をアップさせたら、別の工員が「私も上げてほしい」と要求してきまして。本人の理屈ももっともだったので、上げたんですよ。一度そういうことがあれば、第二、第三が出てくる。ほとんど全員が給料交渉に来ました（苦笑）。これはまずいと思っても、一度上げてしまったものを下げるなんて当人が絶対に納得しないので、「君は給料が増えたんだから、仕事量が増えるのは当然だよ」と言って負担を多くしました。当人は、仕事量をこなしきれないので、「じゃ、仕事量も元に戻すけど、給料も元に戻すよ」ということで納得させました。

納得のさせ方というのは、毎日の中国人とのやりとりの中で学んだことです。中国人はとにかく口がうまい。ああ言えばこう言うで、ある議論をすると全く違う次元の話を持ってきて自分を正当化させようとしますから、こちらはそれに対抗できなきゃいけない。それと大事なことは、こちらが雇用者側だということをはっきりさせておくこと。だからといって、彼らが納得のいかないクビの切り方をすると、一人の不満が周囲に広がって暴動やストにもなりかねない。メンツを大切にする彼らの気質や生活習慣を理解したうえで、管理していく必要があります。

二〇代で会社をここまで任せてくれる企業というのも、そうはないですよね。とても勉強になりました。環境という面では大変でしたけど、この時の三年半が今の自分の基礎になっているのだと思います。

▲月～金は広東省で働き、週末は家族の暮らす香港へ

やりがいを感じて仕事はしていたんですが、退職せざるを得ない状況になりました。というのは、結婚して子供ができたので、家族を日本から呼びたいと思って。会社は、家族を呼ぶのは構わないがビザなどの処理は自分でやるようにと言う。嫁さんと子供をあのバナナ畑の環境で生活させるわけにはいかないので、香港に住ませました。しかし、私も含め家族も香港でのビザが下りない。自社の香港オフィスがあるといってもペーパーカンパニーのようなものなので、ビザ申請は却下されました。個人で頑張ってもムリだと思い、一〇〇パーセントの取得率を誇るビザ取得代行会社に頼みにも行きましたが、あなたのケースではムリですと断られました。この時、印象的だったんですけど、

「あなたの経歴ならちゃんとした会社に勤めていれば、多分ビザは下りるでしょう。会社の問題で、ビザが取れないのは残念です。転職してはいかがですか。人材紹介会社を紹介しますよ」

と代行会社の人に言われました。ビザ申請の準備を始

めて八ヵ月経っていました。香港にノービザで滞在できるのは三ヵ月なので、この間に嫁さんは赤ん坊を連れて中国側に二度出ています。中国に出てしまえば出国したことにはなるんですが、三回続けると捕まる確率が高くなる。私自身もすごいストレスを感じていました。土曜も出勤だったので、土曜の夜香港に向かい家に着くのが一二時。月曜は朝八時出社なので、日曜のうちに東莞に帰らないといけない。家族と会えても、一緒に過ごせる時間はわずかしかない。香港の家賃も会社が負担してくれるのは三分の一だったので、金銭的にもきつかったですし。駐在してから分かったんですが、私の待遇は決して良いものではなかったんですよね。日本の給料だけで、駐在手当てが出ていませんでしたから。このままの状態ではダメになると思って、退職して日本に戻ることにしました。

有給休暇もあったので、退社前に一度帰国して、転職活動をしました。まず大阪の難波に三〇歳以下を対象にした人材紹介会社があって、そこに登録しました。そうしたら、三〇社くらいから来てほしいと言われて。東莞の田舎にいて世間が狭かったけれど、私の経験とレベルでこれだけの企業が来てほしいと言って下さるんだから、自分は日本に戻っても大丈夫だと自信がつきましたね。

五日間日本に滞在して東莞に戻って、取引先への挨拶回りをしていました。今の会社も取引先だったので、退職の挨拶に行ったら、逆に「来ないか」と誘われたんです。本社採用で、家族のビザもきちんと取ってもらえるならばと言ったところ、すぐにOKが出まして。一〇月二一日に前の会社を円満に退社し、二二日から今の会社に移りました。今回ようやく本当の意味での駐在員の待遇になりました。香港でのビザも申請したら、一ヵ月ちょっとで取れた。あの時の苦労は何だったんだろうと思いましたよ。

今は完全に週休二日です。金曜までは、東莞の工場近くのアパートにいます。工場は日系企業が二〇社くらい進出している鎮にあって、日本人も四〇〇名くらい住んでいます。日本人がそれだけいれば、日本料理屋もできる、住環境も良くなる。香港に比べれば落ちますけど、バナナ畑に比べたら快適です。金曜の夜に家族がいる香港の家に帰って、月曜の朝そこから出社しています。金曜まではしっかり仕事をして、週末は家族と過ごせる。今は全く何の問題も不安もありません。やっぱり環境がちゃんとしていないと、いい仕事はできないですよね。今は精神的にも肉体的にも余裕があるので、前の会社以上の仕事ができるようになったと思います。

ここ広東省では、経験がなくても若くても仕事を任せてもらえる。自分次第で、自分のスキルアップもできるし、経験も積むことができます。中国語を勉強して良かったと思いますよ。中国語のおかげで、自分が成長することができた。だからいつか中国にお返しをしたい、貢献できればと思っています。今後、中国でも公害の問題が出てくると思うので、水の浄化とか環境汚染にならないための装置だとか必要になってくるんじゃないかと。いつになるか分かりませんが、浄水場とかゴミ処理設備とか環境ビジネスにかかわりたいと思っています。

＊1　市・県の下に位する行政単位
＊2　詳しくは、インフォメーションページ・暮らす、九五ページを参照。

匿名座談会「広東省で働くということ」

A　深圳の日系工場で生産管理を担当。一九七六年生まれ、女。大学卒業後に中国へ一年間留学。その後、ウェブで見つけた求人に応募して、就職。広東省就労歴四年。
B　深圳の日系メーカー営業。一九七四年生まれ、女。大学卒業後、知人の紹介で香港で就職する予定だったが、景気悪化のために深圳で働くことに。広東省就労歴七年。
C　深圳の日系物流企業営業。一九七一年生まれ、男。大学卒業後、自動車関連に就職。二六歳で中国へ一年間留学。香港で一年半働いた後、人材紹介会社を通して現在の会社に転職。香港・広東省就労歴六年。

――広東省で働くことになった経緯を教えて下さい。

A　大学の第一外国語が中国語で、卒業した年の八月に中国へ留学しました。上海が半年、内陸のほうの都市で一年半です。留学が終わる頃に、ウェブで中国関連の仕事を探していたら偶然、今の会社が人を募集しているというのを見たんです。ウチの会社は知名度があるわけじゃないし、大丈夫かなという気持ちもあったんですけど、まぁこれも縁だなと思って面接を受けて、入社することになりました。工場の生産管理をしていて、四年になります。

B　日系のメーカーの営業職として、七年働いています。私の場合は大学在学中に、今働いている会社の香港法人を知り合いから紹介されて。卒業後に就職する予定だったんですが、私が大学を出たのが一九九八年で、香港の景気が悪くなって香港人スタッフをリストラしていた時期でした。そういう時に、広東語が喋れるわけでもなく、即戦力でもない日本人を雇うわけにはいかなくなって、香港法人の役員から「深圳の法人なら紹介できるよ」と言われて…。日本は就職難だし、香港で働くと決めて就職活動もしていなかったので、深圳のほうで働くことにしました。

在学中に下見で香港には一度来ていて、その時に深圳へも連れていってもらったんですよ。会社まではタクシーで、外を歩いてはいないし、会社が借りているマンションを見せてもらったら、日本ではあり得ない広さで、きれいだった。だから、深圳でも別にいいんじゃないかなと思ったんです。実際は、香港とは全然違っていましたけど（苦笑）。

C　大学を出て、いったんは自動車関係の仕事をしていたんですが、もともと海外で働きたい気持ちがありました。そのためには語学が必要なわけですけど、それほど貯金もなかったのでアメリカ留学はできない。で、考えたのが、中国です。中国留学なら一年間、最低八〇万円あれば、なんとかなりますから。留学が終わって、まず香港の日系企業に入って、それから今の物流企業に転職しました。

■北京・上海よりも待遇がいい

――Cさんは日本での職務経験もあって、北京語が話せるということなら、仕事は見つかりやすかったですよね。

C　香港の人材紹介会社を通して探したんですが、すぐに四、五社紹介してもらいました。もっと粘れば、それ以上に紹介されたと思うんですけど、就職活動に時間をかけるのも面倒くさい。僕は二日くらいで決めてしまいたかったんで、集中して面接を受けました。日系企業がすごい勢いで増えていて、営業職がすごく必要とされているから、今ならすぐに見つかりますよ。

B　そうそう。お給料とか、職種とか、あるいは特区内[*1]じゃなきゃイヤだとか、条件にこだわる人もいますけど、あまりうるさく言わなければ、簡単に就職できますよ。

——最低賃金はどのくらい？

C　社会人経験のない人でも、一万二〇〇〇元（約一八万円）くらいかな。

B　工場勤務ならもちろん住居もついているし、昼食も夕食も工場の賄いが出ます。

A　同じ中国でも、北（北京や上海）は現地採用の日本人の給料が安くなっているそうですけど、南（広東省）は高いですよ。上海は発展しているし、南よりもチャンスが多いかも知れないですけど、給料が安過ぎる。一万元以下で働いている人もいるんでしょう。おまけに物価は南より高い。貯金もできないだろうから、将来のことを考えると不安じゃないかと思います。

B　だから、北京や上海に留学していて、就職は南下してくるという人が最近は少しずつ増えているみたいですよね。それが、最近の傾向かな。何年か前までは広東省で就職する人なんて多くなかったと思うんですけど、日本も就職難ですからね。

C　求職者は増えていますけど、なかなかいい人材がいない。僕は今、採用する側にいるんですけど、求職者に会っても大丈夫かなと思うような人ばかり。人材紹介会社もきちんと人選をして、紹介してほしいですよ。適当に紹介しているんじゃないかとさえ思う。

B　そういう話はよく聞く。ひどいのが面接に来たとか。

■日本では平社員でも中国に来れば管理職

――ひどい人とは？

B　中国語ができるだけで、社会人としての一般常識のない人が増えているようです。それと二年留学したといっても、その二年に見合った中国語力があるかというと、そうじゃない人も少なくない。せっかく留学しても、きっと日本人とばかり遊んでいたんでしょうね。

C　いろんな採用基準があると思うんですが、うちはセールスを求めているので、中国語はとりあえず生活ができて、中国人スタッフとコミュニケーションがとれるレベルでいいんですよ。それよりも中国語以外の売りがある人でないと困るなあ。例えば、人当たりがいいとか、英語が話せるとか。

B　多くの日系企業は、日系企業を相手に商売をしています。だから、日本と同じレベルとまではいかないにしても、中国語ウンヌンよりも…。

C　まともな日本人が欲しい。

B　そう。言葉は悪いけど、企業は社会人としてちゃんと仕事をしてくれる人が欲しい。Aさんのように工場の生産管理とかなら、中国語のコミュニケーション能力が必要なのかもしれないけど、営業に出る人は極端な話、運転手に行き先を言えて、受付で「誰々さんを呼んで下さい」と言える程度でも済んじゃうわけでしょう。

A　中国語がペラペラでなくてもいいから、普通に仕事ができる人が求められているということですよね。

B　ウチの会社は、日本人は上司と私だけです。上司は、「今後、日本人は採用しない」と言っていますよ。私が入社する以前に、別の日本人を雇って失敗したらしいんですよね。上司いわく、「確かに中国語は上手だったけど、仕事の面になると常識やモラルが完全にローカルスタッフと同化していて、使い物にならなかった」。中国人のスタッフの何倍もの給料を払うんだから、それに見合う働きをしてほしいと思っているわけです。

C　中国社会にある程度は溶け込んで、中国のことを理解してほしいと思いますけど、中国人と同じになってもらっては困るんですよ。

A　日本人のマインドや常識を忘れてはいけないということでしょ。

C　日本ではただのペーペーでも、こっちではいきなり部下を管理する立場になる。だから、それなりの覚悟が必要なのに、留学の延長で中国人スタッフと友達になろうと勘違いしているヤツが多いんですよ。

A　日本で働いたこともないのに、就職したらいきなり中国人を管理しなきゃいけなくて、私は自分の立場を理解するのに時間がかかりましたよ。その時私は二四歳で、自分よりも年上で経験もある中国人を管理するって、結構キツイものがあった。すぐ下にいた中国人女性は母親に近い年齢で、口の達者な人だったし。私がミスすれば、中国人のスタッフからここぞとばかりに言われるから、彼女たちに責められないようにと思って頑張りました。まぁ、そのおかげで仕事を覚えることができたんだと思いますが。

——日本人の職種で多いのは？

A 工場だと、生産管理、購買、総務、それに技術者。

B 青年会[*2]で見れば、工場勤務の仕事についている人が六、七割。営業職は四割いないと思います。

C でも、営業職は増えているし、これからもっと増えていくだろうね。よく営業に行くと、「いい日本人を採用したいけど、いないか」と聞かれるんですけど、紹介するくらいならウチで採用してますよ(笑)。僕のいる物流業界は、これから伸びる業界ですから。やっと外資に開放もされたので、同業他社どこも人材を募集をしていますよ。

■年収一〇〇〇万の二〇代も

――広東省は北京や上海で働くより待遇がいいということですが、最高でどのくらい？

A 二〇代後半で、年収一〇〇〇万円近くという人もいますよ。

B 彼は、工場の責任者として頑張っているよね。

C 年収は言いたくないですけど、僕は一年間で一五〇万円くらい貯金できるくらい。特に計画をしているわけじゃなくて、残ったお金がそのくらいということ。営業だと経費で落とせない金もあって、自腹になることもあるし、スーツを買ったり結構金がかかる。工場勤務ならもっと貯まるんじゃないかな。僕の友人が働いている工場だと、入社一、二年目でも大体一五〇万は貯金できるって言いますよ。

A 工場勤務ですごく忙しいところだったら、可能だと思います。工場があるところって大概、田舎にあるから、普段お金を使うところもないし。

B 同じ深圳でも、勤務する場所にもよりますよね。このへんの中心部だと、日本料理店もカラオケ店もあるし、お金を使う場所はいっぱいあるから、そうは貯まらないですね。それに、中国ではそれほどお金を使わなかったとしても、日本に一週間帰ると何十万円というお金を使ったりもする。年に何回も帰れるわけじゃないから、その時にしか買えないものがいっぱいあって……。

C　一年間で三〇〇万円貯めたという人の話を聞いたことがあるなぁ。その人もやっぱり工場勤務だった。

――拘束時間は？

B　八時半出勤で、五時半退勤ですけど、お客さんとの食事で夜はつぶれることが多いし、ウチの商品が壊れたと連絡が入れば日曜日でも出勤します。でも、ある程度は自分でコントロールもできますから、工場勤務よりは恵まれていると思います。

C　忙しい時はとんでもなく忙しいけど、自由度という意味ではBさんと同じで、日本に比べたら自分のペースで仕事がやれますね。

A　ウチの業務は八時半から五時半なんですけど、夜八時くらいまで働くのが普通で、忙しい時は一〇時、一二時まで働きます。休みは日曜日だけですけど、最初からそうだったから、慣れてしまえば別にどうってことないですよ。

C　工場勤務だと日本人は、昼食はもちろんのこと、晩御飯も一緒に食べるという決まりになっている会社もあるよね？

A　そうですね。ウチも会社の寮に食堂があって、日曜と土曜の夜以外の昼食・夕食は賄い付きなので、仕事が終わると日本人の同僚と一緒にゴハンを食べています。少しお酒を呑むと、大体一一時くらい。広東省の工場で働く人はみなこんな感じでしょう。

B 朝から晩までずっと同僚や上司と一緒にいて、つらくない？

A 窮屈だって嫌がる人もいるし、それが原因で辞める人もいますけど、私は結構楽しくやっています。まぁ、家族のようなものですね。面倒臭いなと思うこともたまにありますけど、視野も広がるし、勉強になるなと思うことも多い。結局は、上司や同僚の人柄にもよるんじゃないかな。

B 私は工場勤務じゃないから、夕食までいつも一緒ってことはないですけど、上司と一緒のマンションに住んでいるし、出勤も一緒です。日本だったら、会社を一歩出ればプライベートな時間になるけど、ここではそうはいかない。だから、就職する時には会社をよく見ることも大事だけど、上司がどういう人間かをよく見極めないと。何十人、何百人体制の中で日本人が三、四人ということになれば、イヤでも人間関係の密度は濃くなるわけですから。

■自分の身は自分で守る

――北京や上海に比べて、労働ビザを持たずに働いている人が多いと聞きますが。みなさんは？

B 私たちは皆、Z[*3]（労働）ビザで働いていますよね。

A はい。

C 僕も今はありますけど、最初の頃はF[*4]（訪問）ビザでした。それはわざとではなくて、僕が入社する前は事務所に日本人がいなくて営業許可証などが切れていたからなんです。許可証などの更新はしないといけないし、罰金は払わなきゃいけないし大変でした。それらが揃って初めて、ようやくZビザの申請ができました。実際周りを見ると、Fビザで働いている人は少なくないと思いますよ。

B　ビザの問題にしても何かあったら一回香港に出ちゃえば済むからでしょうね。陸続きでパッと一時間もかからず行けてしまうから。だから脱線するけど、病気になったとしてもすぐに香港に行けば済む。そういう意味では中国の他の都市に比べると、深刻な問題はないですよね。

A　でも、基本的に北京や上海よりも広東省は外国人のZビザが下りやすいはずでしょう。だから、Fビザで働いている場合は、会社の税金対策でしょうね。

B　でもね、それって「Fで働け」と会社から強制されているわけじゃないと思いますよ。「絶対取って下さい」と言えば、きちんとした会社ならちゃんと手続きをしてくれるはず。「ウチの会社は労働ビザを取ってくれない」と文句を言っている人は、きちんと会社と交渉していないんだと思う。日本では何でも言わなくても会社がやってくれるでしょうけど、ここは外国なんだから自分の要求をきちんと言えるくらいでないと、働き続けてはいけないと思いますね。

C　現地採用だけじゃなくて、駐在員でもFビザの人っていますよね。

A　駐在員ならFビザであろうと、何かあろうと、日本に戻れる身だからいいですけど、現地採用は自分の身は自分で守らないと。

B　そうそう。何十万元だかの罰金をとられた会社もあるみたい。二〇〇四年から厳しくなった。

C　Zビザは取得していても、所得税をごまかして申告しているところも多いよね。あまりにひどいと、追徴金がかかって大変になる。今は広東省がそれほど重視していないから、問題化していないけど、今後はどうなるか。

■目的意識を持てば得られるものは大きい

――広東省の働きやすさや働くメリットはどんなことですか？

C さっきも言いましたけど、日本で働くことに比べたら権限もあるし、自由度は大きいですね。その分、責任も重いですけど。

B 上司がわんさかいないだけでもラクなんじゃないかな。モノを一つ買うのにも稟議上げて、ハンコもらって報告書書いてとか。はっきり言って、そういう無駄なことで残業している人って日本だと多いじゃないですか。そういう鬱陶しいのがないっていうのは、すごくいい。

A この年齢で、管理の仕事をさせてもらえる機会なんて、日本にいたらそうはない。責任ある立場で仕事をさせてもらえて、中国に来て良かったなと思います。逆に、不安なのは日本での社会人経験がないことです。日本で就職していたら新人研修がありますけど、ここではそういうものはないので、仕事をしながらいろんなことを覚えていきました。今でも実は、言葉遣いがちょっと心配なんです。

B 私も日本で社会人経験を積んでから来たほうが良かったのかなと思うことはあります。大学時代ずっと同じ会社でアルバイトをしてきて、下手な社員よりも働いてきたという自信もあります。あのまま日本にいて就職していたら、鼻高々でいた自分も組織の中で揉まれたはずだと思うんですけど、それを経験せずにこっちに来て、今度は中国人ですけどまた管理する立場で仕事をしている。もしかしたら本当は何も分かっていないのに、分かったようなつもりになっている自分があるんじゃないか、謙虚さとかがなくなっているんじゃないかと思う時があって。

C　いや、今のままでいいんじゃない？　日本の社会が歪んでいるんだから、そう気にする必要はないと思うけど。

B　このままずっと中国にいるなら、それでもいいでしょうけど。

C　日本に帰ることを考えているわけ？

B　具体的には考えていないですけど、帰ることになったら日本の社会に適応できるのかという不安はあります。

A　私は今の仕事に満足していますが、いつとは決めていないですけど、いずれは日本に帰るつもりです。日本での社会人経験がなくて不安な部分もあります。でも、日本では経験できなかったことはたくさんあったし、勉強もできました。自信もつきました。だから、せっかくのここでの経験を帰国した時に生かせるように、もっと管理や経営についても知識や経験を積みたいし、自己投資として英語の勉強も始めなきゃいけないいなと思っています。

――最後に、広東省で働きたいという人へのアドバイスをお願いします。

A　日本とは違う国だから、比べてばかりいても意味がない。中国の三都市に住みましたけど、どこでも住めば都だと思っています。イヤなことがあったとしても溜め込まないことが大事かな。楽観的なくらいじゃないと、中国で働いていくのは難しいかもしれません。

C　若くても工場の責任者だったり、管理職として頑張っている人は多い。目的意識を持って働いていけば、やりがいも大きいし、得られるものが多いところだと思います。

B　そうですね。あとは、自分が日本人であるから、高い給料をもらえるんだという意識を持つことが絶対必要だと思います。もしも、ワーカーが全部日本人だったら、今のポジションには立てないわけですから。中国人スタッフと同化してしまうようでは、日本人を採用するメリットは会社にはありません。そういう意識を持っていないと、中国語がどんなに流暢に話せたとしても結局はうまくやっていけないのではないかと思います。

――ありがとうございました。

＊1　対外開放政策の一環として、外国資本や技術の導入を目的に、一九八〇年に深圳市内に定められた経済特区。
＊2　詳しくはインフォメーションページ・暮らす、九五ページを参照。
＊3　詳しくはインフォメーションページ・働く　広東省／就労ビザの取得、三六ページを参照。
＊4　詳しくはインフォメーションページ・働く　広東省／就労ビザの取得、三六ページを参照。

あとがき

「北京語を勉強している人の中には、〝香港恐怖症〟の人がいるんですよね」

香港の日系人材紹介会社を取材中、担当者が発したこの言葉に思わずひざを打ちたくなった。〝香港恐怖症〟を説明すると、こう言えばいいだろうか。

「香港では広東語や英語が主要言語になっているので、自分が勉強した北京語はどうせ通じにくいしコミュニケーションもとりづらい。だから、香港で働ける場所があるわけがないし、仮に働けたとしてもかなりハードでつらいものになる――。北京語学習者がそう思い込んで、香港という人材マーケットに必要以上に萎縮してしまうこと」

実のところ私も、家族の都合で二〇〇三年から一年半ほど香港で暮らすことになるまで、香港恐怖症の気があった。香港でも北京語はそれなりに通じるから、遊びや出張などの短い滞在であれば北京語組もそう不自由はしない。だが長期滞在となると臆してしまうのだ。

しかし、香港と中国大陸との経済関係が緊密化するにつれて、香港のビジネスシーンでも北京語能力が強みになっている。また、大陸では経済発展が進んだことで富裕層も現れるようになった。彼ら大陸観光客が落としていくお金を香港人が見逃すはずもなく、北京語の通じる場所はどんどん増えている。おかげで私も香港滞在中、その変化を享受することになった。

だから、人材紹介会社の担当者はこうも言うのだ。

「香港では北京語人材は引っぱりだこです」

引っぱりだこなのは香港だけではなく、日系企業の進出が続く広東省でも同様だ。ところが、北京語を勉強する人の多くが北京や上海などの〝北〟に集中する。そしてそのまま北京や上海に残って就職しようとする人がほとんどであり、広東省など〝南〟へ下る就職はまだまだ人気がないのが実情だ。需給バランスが取れていないのだが、同じ日系企業で働くにしても広東省は北京や上海よりも給与面の待遇も良く、若くして責任あるポジションを任せられることも多い。そういう意味では広東省は経験値を積める絶好の穴場である。

香港もまた、働く場所としては魅力的な街だ。二〇〇七年一月、香港ドルと人民元の通貨価値が逆転、人民元高となり話題になった。香港の存在感のかげりも伝えられているが、大陸との経済関係の緊密化が北京語人材のニーズを生んだ。三言語が共存し、それぞれを武器に働くことができる場所というのも世界にそうはないだろう。そんな現在の香港の位置付けを明確にする意味でも、インタビュー編は言語別にカテゴリーを分け人選をしていった。

二〇〇四年秋にインタビューはスタートした。諸般の事情もあり三年越しとなってしまったが、ようやく出版することができた。最後に、本書のインタビュー編に登場下さった一六人の方々、インフォメーション編執筆のために情報を提供して下さった方々、伴走者として頃あいよく励まし続けてくれた編集者の戸塚貴子さん、そして本書を手に取って下さった読者の皆様に心よりお礼を申し上げます。

二〇〇七年三月

須藤みか

香港・広東で働く

INFORMATION

めこん

海外へ飛び出す⑦
香港・広東で働く

初版第1刷発行　2007年4月10日
定価1800円＋税

著者　　須藤みか

装丁　　土屋佐由利
編集　　戸塚貴子
発行者　桑原晨
発行　　株式会社めこん
〒113-0033 東京都文京区本郷3-7-1
電話 03-3815-1688　FAX 03-3815-1810
http://www.mekong-publishing.com
印刷・製本　モリモト印刷株式会社
ISBN978-4-8396-0205-5　C0030　¥1800E
0030-0703205-8347

Information ■目次

Information ■目次

☆2007年2月のレートで1香港ドル、1人民元ともに約15円

旅立つ前に

❶日本からの荷造り

グルメとショッピングの街として名高い香港。暮らしやすさという点で見ても、生活に必要なものは簡単に手に入るため（買い物事情64ページ参照）、日本とほとんど変わらない生活を送ることができる。日系のデパート、スーパーがあるので日本製品（価格は日本で買うよりも高くなる）はもちろんのこと、中国製や欧米の製品も手に入りやすい。

広東省においては、香港のような便利さは望めないにしても、深圳や広州のような大都市であれば日系や欧米系スーパーも進出しており、以前に比べてかなり暮らしやすくなっている。また両都市ともに香港までそれぞれ列車で約30分、2時間という距離なので、どうしても必要なものがあれば日帰りで香港に出かければいい。気分転換も兼ねて香港で買物へ行く人も少なくない。

また、賃貸マンションやアパートには基本的な家具、家電が揃っているので、日本から持参する荷物は、最低限の身の回り品に限ったほうがよいだろう。手荷物で持ってくることのできないものは、国際郵便小包や国際宅配サービスを利用して送ればよい。国際郵便小包の航空便は約1週間で到着するが料金が割高なので、ＳＡＬ便（約10日～2週間）や船便（約3週間～1ヵ月）を使えば経済的である。

海外引越し便の利用料金は高額なので、駐在員など会社から引越し費用が支給される場合をのぞいて利用することはないだろう。

日本から持参したほうがよいもの

●**ノートブックパソコン**(ノートブックタイプは日本で購入したほうが安い。日本の電圧は110Vだが、香港・広東省は220V。電圧が220Vに対応しているかどうかの確認が必要)
●**ソフトウェア**(現地で手に入るのは英語版か中国語版のみ。正規の日本語版は現地では手に入りにくい)
●**カメラ・デジタルカメラ**(日本で購入したほうが安い)
●**辞書・語学参考書、文法書**(香港でも日本語書籍を扱う店で購入可能だが、割高)
●**ガイドブック**(地図や地下鉄路線図、デパート、専門店、レストランなどが掲載されているので、現地での生活に慣れない間は役に立つ)
●**衣服**(香港・広東省は亜熱帯にあり、日本の衣類を着用できるが、冬が短いため冬服の種類は日本ほど必要ない。しかし、防寒具は数も少なく値段も高めのため、持参したほうがよい。白い衣服は洗濯を繰り返すうちに灰色がかるなど変色するので、高価なものは避けたほうがよい。高温多湿なため、革製品は油断するとカビが生えやすいので、あまり適しない)
●**薬品**(日本製は香港で売られてはいるが種類が少ないので、常備薬やマスクなどは持参したほうがよい。日本製にこだわらないなら、現地で安価に購入できる)
●**化粧品・整髪剤**(現地でも手に入るが、愛用していたものなどは持参したほうがよい。香港であれば、欧米の製品などは日本で購入するよりも安く購入できる)
●**文房具**(香港では、種類は多くないが、日本製のものが手に入る。広東省では現地のものはあまり品質が良くない。書き心地にこだわるペンやシステム手帳のリフィルなどは持参したほうがよいだろう)
●**カレンダー**(日本を発つのが年初でなければ、現地で購入するのは難しいので持参したほうがよい)

持参したほうがよいものは、人によっても異なってくる。日本でこだわりを持って使用していたものや使い慣れたものは持参するのがベター。それを使えなければ日常生活でストレスが溜まるかどうかを判断基準にするとよいだろう。

現地で購入したほうがよいもの

- **日用品・雑貨・食器**（現地のスーパーで安く手に入る）
- **寝具**（現地のスーパーや専門店で購入できる）
- **電化製品**（賃貸マンションやアパートには基本的に家電が備え付けられているので購入の必要がない。コーヒーメーカーやオーブントースター、ポットなどの小型家電が必要な人も、現地で購入したほうがよい）
- **携帯電話**（日本の携帯電話の海外サービスを利用することもできるが通話料がかなり割高なので、現地で携帯電話機を購入したほうがよい）
- **ファックス・留守番電話機**（日本から持参も可能だがうまく作動しない場合もあるので、現地で購入したほうがベター。日本メーカーのものなどが手に入る）
- **デスクトップパソコン**（中国製ならば10万円以下で購入可能）

❷ 海外転出届と国民年金

海外に1年以上転出する際は居住地の市町村役場戸籍課に「海外転出届」を提出して住民票を異動（抹消）したほうがよい。個人住民税は、毎年1月1日時点に住所を有する市町村、都道府県から、前年1月から12月の所得（給与所得者の場合は転出した年の6月から翌年の5月まで）に対して課税されるので、転出した年度は課税されるが、翌年度からは非居住者とみなされて住民税は課税されなくなる。

海外転出届は出国予定日の2週間前以後に提出すること。

また、海外居住者の国民年金加入は強制ではなく任意となるので、海外転出届の提出と同時に、国民年金へ加入、加入継続、脱退のいずれかを選択する。

脱退する時は、国民年金喪失申出を行なう。ただし、日本国籍がある限り、海外在住期間に国民年金に加入しなかった期間も老齢基

礎年金の受給資格（25 年以上）を判断する時の合算対象期間となる。

任意加入する場合は、加入手続きを行なう。すでに加入していて継続する場合は、国民年金種別変更届（強制から任意へ）を行なうこと。居住地の市町村に納付を代行委託できる家族がいれば、その親族を「国内協力者」として指定する。家族あてに国民年金保険料の納付書やお知らせが送られる。

国内協力者がいない場合は、社団法人日本国民年金協会を代行機関として指定し、納付を委託することができる（無料）。

すでに海外に転出している場合でも、家族などの「国内協力者」に加入手続きを代行してもらうことができる。

詳しくは、社団法人日本国民年金協会へ。

〒 102-0093
東京都千代田区平河町 2-5-5　全国旅館会館ビル 3 F
Tel： 03-3265-2885
Fax：03-3265-2894
E-mail：koho@nenkin.or.jp
http://www.nenkin.or.jp/

海外転出届に必要なもの

- **印鑑**（代理人が手続きする時）
- **年金手帳**
- **国民健康保険証**（国保に加入している場合）
- **印鑑登録証**（印鑑登録している場合）
- **国内協力者の住所・氏名**（国民年金への任意加入を希望する場合）

❸入国時のビザ

香港へは、日本国のパスポートを所持していればノービザで3ヵ月滞在することができる。ただし、パスポートの有効期限が1ヵ月＋滞在日数分なければ入国できないので、4ヵ月以上の有効期限があるかどうか確認しておこう。働くことが目的で香港に来る場合は事前に、就業先を保証人とする必要書類を用意して就労ビザを取得してから渡航するのが原則だが、ビザなしで渡航してビザが免除される3ヵ月の間に就職活動を行ない、その後に就労ビザに切り替えることもできる。運良く就業先が決まってもビザ免除期間に就労すると違法になるので、注意すること。また、就労ビザを申請している間に、ビザ免除の3ヵ月が過ぎることになる場合はいったん香港を出なければならない。

中国では2003年9月1日より、観光・商用（業務）・親族訪問・通過目的で中国を訪問する日本人は、15日以内の滞在に限りノービザで入国ができるようになった。ただし、パスポートの有効期限が30日以上あることが条件だ。16日以上滞在する場合は中国においても1回に限り、30日の延長手続きができる。

入国後に就職活動を行なう場合、ノービザで入国しても延長手続きをすれば計45日間滞在することはできるが、ノービザから就労ビザへの変更はできないので、一度出国しなければならなくなる。あらかじめ日本で訪問（F）ビザを取得するか、ノービザで入国後に香港でFビザを取得し直したほうがよい。

ホテルに宿泊する場合はホテルから臨時住宿登記表が提出されるが、友人や知人の住まい、あるいは自宅に滞在しながら就職活動をしようとする場合は、宿泊先を管轄する公安の派出所へ入国後24時間以内に自分で臨時住宿登記表を提出しなければならない。提出すると、写しをもらえる。この臨時住宿登記表を提出していなかっ

たために、就労ビザを申請する際に罰金を課せられる場合もあるので注意したい。

香港入境事務処

香港灣仔告士打道7号
入境事務大楼
Tel：(852)2824-6111

広州市公安局外国人管理科

広州市解放南路155号　公安出入境大厦
Tel：86(20)8311-5894

深圳市公安局外国人管理科

深圳市羅湖区解放路174号
Tel：86(755)249-8721

▲香港の空の玄関、チェクラップコック空港

就職活動

❶香港で求められている人材とは

日本人女性の香港就職ブームが起きたのは、1990年代初め。中国返還される前の“返還前景気”と呼ばれた好況な時期まで続き、香港の失業率も低かった。この時期の求人は女性がほとんどであり、業種はメーカーや商社、金融機関などで、職種は営業事務や秘書職などに限られていた。この頃はまだ、語学力だけでも武器になった時代であり、就労ビザも簡単にとることができた。

しかし、香港返還、アジア経済危機が続き、経済が冷え込んだことで失業率も上昇し、1997年を1つのピークとすると日本人の求人数は縮小しているのが実態だ。だからといって、全く求人がないわけではない。

では、具体的にはどのような人材が香港では求められているのだろうか。

①語学力は必須条件

まず、語学力は当然のことながら必須条件となる。

香港の日常生活で使われているのは広東語だが、ビジネスの場面で必要とされるのは英語である。ビジネスレベルの英語力があることが理想だが、そこまでは達していないという人なら、それを補えるだけの広東語が要求されるだろう。いずれにしろ、英語にプラスして広東語も使うことができれば、香港人スタッフとのコミュニケーションはよりスムーズになるはずだ。

最近は、北京語人材の需要も高まっている。英語は苦手だが北京

語なら、という人にとってはチャンスが広がっている。

「北京語ができる人はひっぱりだこな状態です。北京語を勉強した人の中には、香港では広東語がメインで北京語が通じないだろうといった『香港恐怖症』を持つ人もいるようですが、ぜひ北京語を習得した人材には香港を視野に入れてもらいたいですね」(パソナ香港)。しかし文書では英語が共通言語という企業は多いので、英語力の読解力は最低限求められることを頭に入れておきたい。

②少数精鋭の時代

次に、問われてくるのは職務経験だ。

90年代の日本人女性の香港就職ブームの頃と違って、今は何より「経験」や「能力」が重視される。「働く」の項目で後述（32ページ）するが、就労ビザを取得するためにも必要となってくる。

日系企業はコストの高い駐在員を減らす傾向にあり、現地採用者には駐在員に代わるだけの能力が求められている。

「少数精鋭の時代です。現地採用者に求める要求は、以前よりも高くなっていると言えるでしょう」(グッドジョブクリエーションズ　マネージャー・石田優代氏)

現在、香港で日本人の求人が多い業種は、6割が製造業。その半分が電子関係である。そのほかは、貿易、ＩＴ関連、金融業など。同業種での経験と知識が豊富で、即戦力となるスペシャリストな人材かどうかが問われているのだ。

インタビューページに登場する宮崎純子さん（94ページ）は1987年から香港で働いている。安保裕恵さんも1990年から(54ページ）で、小野尚美さん（28ページ）も1996年からだが、香港で働き続けることができるのは、3人とも豊富な経験を持ったスペシャリストであったからだ。

▲高層ビルが立ち並ぶ九龍の中心街

③求められる「日本人」としての資質

また、外資系企業で国籍・年齢を問われない、本人の実力だけで判断されるポジションでない限り、「日本人」だから採用されていることも忘れないこと。海外で働くとはいっても、日系企業はもちろんのこと、外資系企業に勤務したとしても日本・日系マーケットを担当することは多い。日本の商習慣への順応性や日本人としてのマナーを身に付けていることを期待されているのだ。

海外で働くのだから、日本人として勝負するのではない場所で働きたいと思う人もいるだろう。しかし、「日本人であること」に期待されている部分をあくまで否定しようとすると、就職のチャンスは極端に狭まることになるだろう。

❷広東で求められている人材とは

香港での日本人の求人件数がピーク時に比べれば減少傾向にあるのに対して、広東省では増加傾向にあり、この状態はしばらく続くと見られている。

深圳市や東莞市などには電子部品、機械、プラスチックなどをはじめとする日系の製造業が数多く現地法人を設立しているし、広州市周辺は自動車産業の中国拠点が集中しており、その下請け企業や関連産業も進出している。従来は深圳市や東莞市などに集中していた求人も、最近は広州周辺でも増加の傾向にあるのだ。

そのため、「日本語ができるいい人材がいるなら、いつでも採用したい」と考えている企業が少なくない。日本語を流暢に操る中国人の人材が多い上海などに比べると、広東省は圧倒的にその数が少ないためだ。中国大陸での就職というと、どうしても北京や上海に目が向きがちだが、広東省には、北京や上海で働く以上にキャリアアップすることのできる職場が増えている。

①北京語の必要度は

広東省では日常生活では一般的に広東語が使われているが、広東省以外の地方出身者も多いため、ビジネスの場では北京語が主流となっている。

求人には北京語必須を条件とするものが多いが、実際はばらつきがあるようだ。ある日系人材紹介会社の担当者はこう明かす。

「業種や職種によっても、求められるレベルはかなり違います。ビジネスレベルの北京語が必須となるのは、中国企業を相手とするサプライヤーの営業職や工場内の生産管理担当者です。しかし、経験や人物を重視する場合は、日常生活に不自由ない程度で十分という会社もありますし、なかには技術者などになると『中国アレルギー

でなければいい。これから徐々に覚えていってもらえればよい』というレベルまでさまざまです」

最近増えている営業職の場合も日系企業を顧客とすることが多いため、語学力よりも必要とされるのは営業経験や、日本人としてのビジネスマナーを身に付けていることのようだ（インタビューページ・座談会「広東省で働くということ」142ページ参照)。

そうはいっても、語学力はあるに越したことはないし、キャリアアップをしていこうと思うなら、必須になる。広東省では本人のやる気さえあれば､インタビューページに登場する伊東幸太さん（104ページ）のように留学後に新卒で入社し、実力が認められて20代で工場長を務めるまでにキャリアアップすることも可能だからだ。

どの程度の北京語が求められているかというと、あくまでも目安だがＨＳＫ（漢語水平試験）で最低でも6級で、7、8級が望ましく、9級以上になればかなり有利だろう。

北京語習得を目標とする日本人の留学先は北京や上海に集中しており、留学終了後も北京や上海で就職しようとする傾向が強いが､製造業に関心がある人にとっては広東省こそ活躍の場が広がる場所なので、広東省まで視野に入れてみてはどうだろうか。選択肢もかなり増えるはずだ。

②新卒者にもチャンス

香港での日本人への求人が女性7、男性3に対して、広東省では男性が7、女性3と逆転をしている。求人の9割が電子部品や機械､プラスチックなど製造業で、ＩＴや物流などのサービス業も徐々に増えてきている。

20、30代の若手に多いのは、営業、購買、生産管理など。職務経験があるほうが圧倒的に有利ではあるが、広東省では人材不足のため、中国留学を終えたやる気のある新卒者であれば「イチから育成していこう」という企業も少なくはない。

しかし､社会人経験がないからといっても､中国歴が長すぎて「日

本の常識」を忘れてしまったような人や、中国通をきどるような人は敬遠されやすい。北京語能力が高くても、コミュニケーション能力が低い（たとえば、日本語で円滑にコミュニケーションがとりにくい）人も、就職は難しくなるだろう。

また、仕事の場で英語を話すことはほとんどないが、香港とのやりとりも多いため文書に関しては英語を使用する機会も多い。メールでの簡単なやりとりなどは英語でできたほうがいい。

広東省では就労ビザ取得時に、これまでの就労経験が問われることがあまりないので、香港よりもずっとビザも取得しやすい。本当は香港で働きたいのだが、職務経験が乏しい、あるいはないという人は、広東省でまず経験を積んだうえで、香港での就職にチャレンジするという段階を踏んでいくのもいいだろう。

50、60代では技術職や工場長や総経理クラスなどの管理職の求人も少なくない。

■HSK（漢語水平試験）

中国政府国家教育部（文部科学省の相当）が唯一公認している中国語能力試験。級の多いほうが上級で、基礎1、2級、初級3～5級、中級6～8級、高級9～11級に分かれている。企業への就職の選考基準や大学本科・大学院の入学基準になっている。中国語が全くできない人が1年間留学して到達できるレベルが中級の6級で、目安として就職の際の最低ラインと言われる。

HSK日本事務局

大阪府豊中市本町5-1-1 教育センタービル2F

Tel： 06-6857-3397

http://www.jyda-ie.or.jp/hsk/top.htm

❸香港/現地採用の労働条件

現地採用とは、香港にある現地法人や駐在員事務所に直接採用される雇用形態で、給与などの待遇はそれぞれ個別の雇用契約によって決まり、契約は1、2年ごとに更新していく。本社から派遣される駐在員が給与に加えて海外赴任手当や住居費などが支給されるのに対して、現地採用社員の給与水準はあまり高くはない。

日系企業における日本人の月給目安は、事務職14,000〜18,000香港ドル、営業職・専門職で16,000〜25,000香港ドル。もちろん個人の語学力や専門能力、経験の多寡、実績によって異なるので、上記以上の所得を得ている人も少なくはない。

給与以外に賞与として、旧正月前後に給与1ヵ月分が支給されるのが一般的だ。住宅費や帰国費用などの補助はないが、医療保険にはほとんどの企業で加入してもらえるので海外傷害保険に入る必要はないだろう。待遇について疑問に思うことは必ず、面接や契約時に確認したほうがいい。

❹広東省/現地採用の労働条件

給与などの待遇がそれぞれ個別の雇用契約によって決まり、契約が1、2年ごとに更新していくのは香港の現地採用と同様だが、香港と大きく異なるのは給与以外に、ほとんどの企業で住宅手当が出ること。工場勤務であれば、工場内あるいは付近の寮・借り上げ住宅に居住することになる。

月給の目安は、職務経験がない、あるいはほとんどない人でも13,000香港ドル〜。経験や職責があれば、15,000〜25,000香港ドル

だが、広東省でも個人の能力や経験によって給与は異なってくる。就職後の実績次第ではポジションも上がり、20 代でも年収 1000 万円近くを得ることも夢ではない（座談会「広東省で働くということ」142 ページ）。

初年度から自身の希望が通れば理想的だが、雇用契約は契約満了と同時に内容を見直すことができるので、社内での実績を作ったうえで次年度、次々年度に要求を提示していくことも可能だ。

技術職や管理職であれば、30,000 ～ 40,000 香港ドル。

香港の物価や住宅費の高さを考えると、広東省で働いて得た給料のほうが割高感はあるし、求人数は多いものの給与相場が下降気味の上海などに比べても相場は高いと言える。例えば、広東省では新卒者でも 13,000 香港ドル～＋住宅手当であるのに対して、上海では 5,000 元程度で住宅手当もないという場合もある（1 香港ドルと 1 元はほぼ同レート）。待遇の良さは、広東省で働くうえでの大きな魅力だろう。

❺ 仕事の探し方

香港や広東省で働きたいと思ったら、どのように仕事を探せばよいのだろうか——。香港や広東省で就職活動を行ない、実際に就職している人たちは、主に 3 つの方法で求人情報を得ている。人材紹介会社への登録、インターネットや情報誌からの情報の収集、知人からの紹介だ。これらのうちどれかというよりは、3 つを組み合わせて積極的に動いていくことが大切だ。

【人材紹介会社】

香港や広東省には日系の人材紹介会社が 10 数社あり、そのほとんどが自社ウェブサイトからオンライン登録できるようになっている（主な人材紹介会社は、22 ページ）。会社によって、香港オフィ

スで香港と広東省の求人・求職を一括して扱うところと、広東省にもオフィスを持ち、それぞれのマーケット別に対応しているところがある。また、華南ｗｏｒｋｓのように、広東省に特化した人材紹介会社もある。

オンライン登録できるウェブサイトでは求人情報を一部掲載しているので、求人の傾向を知ることもできるだろう。中には、あらかじめ求職条件や職歴などを登録しておけば、その条件にあった求人情報をメール送信してくれるサービスを行なっているところもあるので、利用すると便利だ。オンライン登録後に人材紹介会社を訪問して、個別に面談や語学力の試験などを行なうことになる。

人材紹介会社を活用するメリットは、当人の希望や職歴、能力に見合った転職先を紹介してもらえるため、効率的に動けること。また、待遇面においても、第三者である人材紹介会社が間に入ることで自分の要望を伝えやすくなり、話し合いもスムーズに進む。人材紹介会社への紹介料は、採用決定後に求人企業が払うもので、求職者は無料である。

中国留学を経て就職活動に入る人は、人材紹介会社に登録後、短期間のうちに希望条件にあった面接をセッティングしてもらうことができる。登録をして1、2ヵ月で就職が決まる人が多い。

現時点で、香港や広東省に在住していない人は、あらかじめ人材登録や情報収集を行なったうえで、ある程度の時間をとって香港や広東省に滞在し、人材紹介会社に企業面接を集中してセッティングしてもらうと効率良く動けるだろう。

【インターネット・情報誌】

広東省の求人であれば、日本語の中国関係サイトでも情報収集することができる。

1日のアクセス数が7,000を超える中国総合情報サイト「日中ドットコム」には「エクスプロア・サーチ　求人」コーナーがあり、1日平均で約10件（広東省だけでなく、上海など他地域も含む）の

新しい求人情報が掲載される。求人情報が自由に閲覧できるだけでなく、オンライン登録をすれば希望条件に合う求人があった場合にはメールが送信されてくる。

営業や秘書、通訳、技術職などの求人が中心だが、人材紹介会社では見つけにくい、医師や看護婦、幼稚園教諭といった特殊な求人情報が掲載されることもあり、就職に至ったケースもあるという。

しかし、中国情報の1つとして求人・求職コーナーを設けているため、1つ1つの求人情報を吟味して掲載しているわけではない。求人企業の中には被雇用者の就労ビザ・待遇問題を安易に考えて採用しようとする企業もあるので、自己責任で対処していく気構えが必要だ。

日本語の情報誌・紙では、『香港ポスト』(有料)や、『コンシェルジュ香港』『KANAN　MONTHLY』（ともに無料）などにも件数は多くないものの求人情報が掲載されている。

【クチコミ】

人材紹介会社やウェブサイト以上に、威力を発揮することがあるのがクチコミによる求人情報だ。

留学中であれば、留学期間中には留学生だけではなく、日本人・中国人を問わずなるべく多くの人と出会い、人脈を広げておくこと。今は、人材紹介会社のコンサルタントとして仕事を紹介する側に立つ松本亜希子さん（インタビュー112ページ）のように、知人の紹介によって香港で就職をした人もいる。思わぬところから、求人情報が入ってきて採用となるケースも少なくはない。

あなたがまだ日本にいたとしても、周囲に中国ビジネスに関わる人がいないかどうか探してみよう。「香港で働きたい」「広東省で働きたい」と周囲に公言することで、求人情報とまでいかなくとも就職に関する何らかの情報が入ってくる可能性もある。

すでに香港や中国で働く友人、知人がいるなら、現地の就職状況を尋ねてみるのもいいだろう。海外に暮らすと、業種や年齢、性別

を超えて、日本では知り合うチャンスのなかった人たちとの出会いがあり、人脈が広がる。営業職などについている人は特に顔も広く、取引先などから求職者の紹介を頼まれることも多いようだ。

海外で就職するためには、受け身のままではいつまで経っても前へは進めない。まずは働きたい意志を公言し、情報収集から始めるといいだろう。

■香港・広東の主な日系人材紹介会社一覧

アデコパーソネル

Adecco Personnel Limited

＜香港オフィス＞

Room1401, 14/F, Ruttonjee House, 11 Duddell Street, Central, Hong Kong

Tel： (852)2899-6118

Fax：(852)2845-2045

japan.hk@adecco-asia.com

http://www.adecco-asia.com/hkjapanese/

＜広州オフィス＞

広州市建設六馬路 33 号宜安広場 605 室

Tel： 86(20)8363-3274

Fax：86(20)-8363-4027

japan.cn@adecco-china.com

http://www.adecco-asia.com/hkjapanese/

アンカーＨＲＭコンサルティング

Anchor HRM Consulting Ltd.

Room2405-6, 24/F, World Trade Centre, 280 Gloucester Rd,

Causeway Bay, Hong Kong

Tel： (852)2890-7386

Fax：(852)2890-7396

career@anchor-hrm.com

http://www.anchor-hrm.com/index_j.htm

エイジアンサクセス

Asian Success Human Resources (HK) Co.,ltd

2/F, Shui On Centre, 6-8 Harbour Road, Wan Chai, HongKong

Tel：(852)2834-4375

Fax：(852)2838-2327

info@asian-success.com.hk

http://www.asian-success.com.hk/index.html

華南ｗｏｒｋｓ

2/F., Shui On Centre, 6-8 Harbour Road, Wan Chai, HongKong

Tel： (852)2511-8321

Fax：(852)2824-8000

info@kananworks.com

http://blog.kananworks.com/

キャリアプランニング

Career Planning Limited

30/F, Entertainment Building, 30 Queen's Rd, Central, Hong Kong

Tel： (852) 2527-5288

Fax：(852) 2297-2354

info@careerplanning.com.hk

http://www.careerplanning.com.hk

キングスウェイ

KINGSWAY PERSONNEL LTD.

Unit 1606,16/F,Causeway Bay Plaza I,489 Hennessy Rd,

Causeway Bay, Hong Kong

Tel： (852)2110-4433

Fax：(852)2523-9133

jpdept@kingsway-hk.com

http://www.kingsway-hk.com/

グッドジョブクリエーションズ

GoodJob Creations Asia Ltd

<香港オフィス>

Suite 1610, 16/F, Lippo Centre, Tower Two, 89 Queensway,

Central, Hong Kong

Tel：(852)2537-2557

Fax：(852)2537-2583

jpdesk@goodjobcreations.com

http://www.goodjobcreations.com/

<広州オフィス>

中国広州市天河北路233号　中信広場15楼1518室

Tel：86(20)3877-2825

Fax：86(20)3877-2665

jpdesk@gjc.com.cn

http://www.goodjobcreations.com/

サガス香港

SAGASS(Hong Kong) Ltd.

Suite 1606, 16F, Tower 6, China Hong Kong City, 33 Canton Rd, Hong Kong

Tel：(852)2111-1222

Fax：(852)2111-1223

jhk@sagass.com

http://www.sagass.com/hk/jpn/

スタッフサービス

Staff Service (Hong Kong) Co Ltd

＜香港オフィス＞

Unit 1301, 13/F, Bank of America Tower,12 Harcourt Road,

Central, Hong Kong

Tel： (852)2966-0747

Fax：(852)2506-2796

service.hk@staffservice.com

http://www.staffservice.com/jp/

＜広州オフィス＞

広州市天河区林和西路 161 号　中泰国際広場 A 1202 室

Tel： 86(20)3837-0707

Fax：86(20)3837-0701

service.gz@staffservice.com

http://www.staffservice.com/jp/

テンプスタッフ

Tempstaff (Hong Kong) Limited

＜香港オフィス＞

Unit2001, 20/F, Hing Wai Building, 36Queen's Road, Central, HongKongt

Tel： (852)2525-8121

Fax：(852)2525-8343

jpdesk@tempstaff.com.hk

http://www.tempstaff.com.hk./jap/index.asp

＜広州オフィス＞

広州市東風東路 828-836 号　東峻広場 3 座 1006 室

Tel： 86(20)8767-3277

Fax： 86(20)8765-0502

jpdesk@tempstaff.com.hk

http://www.tempstaff.com.hk./jap/index.asp

パソナ

Pasona Asia Co., Limited
<香港オフィス>
Unit 1404, The Hong Kong Club Building, 3A Chater Road,
Central, Hong Kong
Tel： (852)2882-3484
Fax：(852)2890-8553
jpnhk@pasona.com.hk
http://www.pasona.com.hk
<広州オフィス>
上海保優美人才服務有限公司　広州分公司
広州市天河北路 233 号 中信広場寫字樓 1417 室
Tel： 86(20)3891-1701
Fax： 86(20)3891-1702
jsqz@pasona.com.cn
http://www.pasona-global.com/ （グローバルサイト）

■求人情報が得られるウェブサイト、情報紙・誌

SHEX　日中ドットコム

http://www.nicchu.com（日本から）
http://www.nicchu.com.cn（中国から）

Kamome.cn

http://kamome.cn/index.php

『香港ポスト』

http://hkpost.pasona.com.hk/

『コンシェルジュ香港』

http://www.chainavi.jp/

『華南ＭＯＮＴＨＬＹ』
http://www.kanan.cn/

❻ 華南的就活日記

大学卒業後、不動産業界に２年弱勤務した後に情報企業に転職した男性Ｍさん（32歳）。その後中国に駐在するも、社内事情が変わり２年後に帰任辞令が。今後ますます経済発展していく中国で働き続けたい…という気持ちが強くなって、退職。中国での転職には、北京語能力も必要だと考え、上海へ１年間留学した。留学終了と同時にスタートした就職活動はどのように進んだのか。

広東省で仕事探し

●６月30日　上海での１年間の留学生活もこれで終了。留学前は、上海での就職を念頭に置いていたから上海を留学先に選んだのだが、自分にはどうやら上海は合わないようだ。最初に足を踏み入れた中国が広東省だったから、自分にとっての中国スタンダードは広東省なのかもしれない。当初の予定は変更して、広東省で仕事を見つけることにする。
●７月１日　深圳に到着。日本人の友人宅に転がり込む。おそらく就職活動に３ヵ月は必要ないだろう。２ヵ月というところか。友人宅に１ヵ月居候し、残りの１ヵ月はホテル住まいにするとしようか。
●７月５日　土日はゆっくり休養できた。今日から就職活動スタートだ。週末に、人材紹介会社のＨＰをチェック。その中でもしっかりと情報が書き込まれている会社を数社選んだので、早速アポとり。

◎人材紹介会社との相性は大切！

●7月15日　この10日間の間に、人材紹介会社を4社訪問。日本人担当者に、メーカーの購買がやってみたいということ、待遇としては月給20,000香港ドル＋住宅手当を希望していることを伝えた。「メーカーは保守的だから、メーカー経験がないと20,000香港ドルは出せないだろう」という答えだった。20,000香港ドルは譲れない条件だが、メーカーの購買という仕事にはすごく興味がある。給料を取るか、仕事を取るか、だ。

北京語のスキルチェックもされたが、A社の担当者に「中国語があまりうまくない」と見下すような言い方をされた。自分でも決してうまいとは思っていないが、見下すような態度はしなくてもいいだろうと思う。ほかの会社ではそんな言い方はされなかったのだし。人材紹介会社の担当者との相性も大切だ。A社の担当者とはウマが合わなさそうだから、A社にお願いするのはやめようと思う。

●7月18日　訪問して1週間も経たないうちに、人材紹介会社B社から電話。珠海にある機械メーカーZ社の面接を受けることに。希望通りの購買の仕事だ！

●7月20日　Z社面接。フェリーで1時間の珠海へ向かう。資材部長の面接を受けた。年齢は自分と同じくらいの30代前半で、現地採用だという。現地採用でも、責任を持たされて頑張っている様子がうかがえた。面接の感触は良かったが、経験者でないことがひっかかるようだった。

●8月2日　2週間待ったが、Z社からは連絡なし。落ちたということだ。やっぱり経験者でないと難しいのだろうか。人材紹介会社C社から「深圳の成型工場Y社を受けてみないか」と電話があったが、その場で断った。給料が全く問題にならないくらい安い。

●8月4日　人材紹介会社D社から電話。産業用の計測機械メーカーW社を紹介された。営業職で、給与は固定で15,000香港ドル。おまけに住宅費は自分持ちだという。待遇がかみ合わないので、あまり乗り気ではなかったのだが、まだ面接は1社しか受けていない。

面接の練習にもなるだろうと思い、受けることにした。
●8月9日　W社では1次が現場の主任、2次が董事長(会長)の面接。毎日夜11時、12時まで働いているようだ。ハードワークは厭わないが、15,000香港ドルでは見合わなさ過ぎる。断ることにした。

☼ メーカーの経験がないことがネック……

●8月11日　数日前に登録した人材紹介会社E社から紹介された機械部品メーカーU社を訪問。家内工業的な会社で、事務所スタッフは8人。社長は「アゴで社員を使う」というタイプだ。強烈な個性の持ち主でやり手のようだが、僕には合わない。面接終了後すぐに、E社の担当者へ断りの電話を入れた。なかなか働きたいと思えるような企業には巡り会えないなぁ。
●8月13日　人材紹介会社E社から電話。大手だけあって、ほかのところに比べて案件をたくさん持っているようだ。プラスチック製品の工場T社を紹介された。
●8月16日　T社の香港オフィスを訪問。勤務地は広東省だが、香港で総経理（社長)、副総経理（副社長）と面接。僕は日本で不動産会社時代は営業成績も良くて、年収は1,000万円あった。営業能力があることは認めてもらえたようだが、「メーカーの経験がないと…」と渋った様子だった。面接中、不動産業界に対する偏見も感じた。
●8月17日　案の定、「営業のスキルも実績もすばらしいが、メーカーの経験がない」との理由でT社からは断られた、と人材紹介会社E社から連絡が入った。

人材紹介会社B社から久々の電話。航空会社S社が広州ブランチを出すという話。悪くない話だ。購買とは違うが、最初から立ち上げにかかわれる面白い仕事のようだ。
●8月18日　香港でS社の面接。「いつからの勤務ですか」と質問したが、「前向きに進めています」という要領を得ない返事。大手だけに悠長に構えている。ブランチを出すことは決まっていても、具体的なことは何ひとつ決まっていないようだ。

●8月20日　人材紹介会社E社の紹介で、東莞の電子部品メーカーR社を訪問。仕事は購買と営業の両方で、購買のほうが比重は大きいというもの。香港オフィスに勤務する知り合いから「給料もいいし、いい会社だよ」と聞いていたので、わりと期待をして出かけたのだが、面接官からはメーカーの経験がないこと、電子部品のことをイチから覚えなきゃいけない大変さを指摘された。
●8月23日　人材紹介会社D社から電話。R社はダメだったとのこと。ここも、メーカー経験がないということがネックになった。メーカーへの就職は諦めたほうがいいのかも知れない。

☺建築関係へ変更で成功！

●8月25日　人材紹介会社C社の紹介で、建築関係のQ社を訪問。セールスマネージャーとして働いてほしいとのこと。給料は20,000香港ドルで住宅費は別途支給、海外傷害保険への加入も問題ない、というから、待遇面は全く問題がない。社長は技術畑の人で、営業が手薄になっているようだ。マネージャーとなって働けるなら、自分の思うように仕事もできるだろう。頭を押さえつけられた形では存分に成績も上げられない。社長からは面接中に、「入社してほしい」と言われた。僕も、面接の場だというのに、僕が営業だったらまずこれをやる、あれもやりたいとプレゼンをしてしまった。そのへんも気に入られたのではないかと思う。
●8月27日　Q社の2次面接。1次でも心は固まっていたが、正式に「お願いします」と社長に伝えた。一緒に働くことになる中国人スタッフにも会わせてほしいと頼んでいたので、今日会わせてもらった。一緒に働いていけそうなスタッフたちだと思えた。

建築関係の仕事に就くと、今後中国で転職しようと思っても機会は限られてくるだろう。だが、日系企業の工場設立ラッシュはまだ続いている。3、4年はこの業界も仕事があるだろうから、この会社で頑張っていくつもりだ。

🈁 担当者を選ぶところから始まっていた

●8月31日　10社も回れば、就職は決まるだろうと思っていた。結果は、紹介された会社は8社だった。就活期間も2ヵ月だったから、予定通りというところだろうか。しかし、周りに聞いてみると、みんなそれほど会社を訪問しないうちに就職を決めてしまっているようだ。8社も回ったのかと、友人たちからは驚かれた。

例えば、工場の生産管理を希望していた友人の場合は、「工場の生産管理なんて、どこも似たような待遇だから、上司やローカルの現場主任とソリが合うかどうかが肝心」と、結局2社訪問して、居心地のよさそうなほうに決めたのだという。

身も蓋もない言い方になるが、今の広東省なら仕事を選びさえしなければ日本人で留学経験者なら誰でも職は見つかる。特に、生産管理の求人は本当にいくらでもあるのだ。僕も生産管理を志望すれば、2ヵ月も時間をかけなくても決まっていただろう。だが、生産管理の仕事は拘束時間も長い。毎日深夜近くまで働き、土曜日も出勤で、日曜日も毎週休めるとは限らない。すべてがそんな工場ばかりではないが、1年半働いて胃潰瘍になった奴だっている。僕は週に1回は山登りをしたいし、プライベートも大切にしていきたいと思っている。希望するメーカーには就職することはできなかったが、日本での経験が十分活かせる仕事に就けたのだから、良しとしよう。

どの人材紹介会社にお願いするかで、就職の決まり方も変わると思った。担当者との相性が大事だということはA社の例でも分かったし、D社は1社紹介してきたきりで、担当者が辞めてしまい、その後の連絡は梨のつぶてだった。あまりにも無責任じゃないか!? 大手の人材紹介会社が必ずしも良いとは限らないが、たくさんの案件を持っていた。今回は決まらなかったがB社の担当者は特に親身になってくれる人だったように思う。人材紹介会社の担当者を選ぶところから、実は就職活動は始まっているのかもしれない。

働く

❶香港/就労ビザの取得

①ビザの種類

日本人は香港特別行政区にビザなしで3ヵ月滞在することができるが、長期滞在するためにはビザを取得しなければならない。ビザには就労、家族、投資、学生、研修、訪問、無条件などがある。このうち働くことができるのは以下の就労、投資ビザ、無条件ステイタスで、家族、研修ビザなどについては一部就労が認められている。ビザ取得後に、ＩＤカード（香港身分証明書）を申請する。ＩＤカードとは、香港人と6ヵ月以上滞在する外国人が必ず所有しなければならない身分証明カードで、携帯が義務付けられており、銀行や公的機関などで身分証明となる。また、空港などのイミグレでも、「香港居民」の扱いとなり､旅行者よりも簡単に手続きを行なうことができる。

A．就労ビザ（Employment Visa）

就職予定の雇用企業を保証人として外国人が申請できるもので、香港で長期間就労するためには必ず取得しなければいけない。申請者の過去の職歴や香港にとって有用な人材かどうか、また保証人となる企業が財務状況などの条件を満たしているかが審査される。

就労ビザの申請は日本に居住していても申請することができるため、就業先が決まったらすぐにビザ申請を行なっておけば、香港へ渡航後すぐに働くことができる。後述するが、就労ビザ申請期間中に就労すると不法就労とみなされ、厳罰の対象となる。

1年目はビザの有効期間は1年間だが、その後も継続して申請す

ると、有効期間が2、3年間と長くなるケースも多い。

B．投資ビザ（Investment Visa）

香港で起業する外国人に適用されるもので、申請時に必要な項目は就労ビザよりも多く、厳しい審査が行なわれる。基本的な審査基準に変動はないが、申請時の香港経済の状況によって多少異なる。

C．無条件ステイタス（Unconditional Status）

香港に合法的に7年以上居住し、税金を納めていた外国人が申請できるもの。取得後は一切の条件なしに香港に入境、滞在してもよく、それまでは必要であった就業先の保証人が不要になるほか、ビザ更新も不要。同ビザを取得すると、香港永久性居民身分証を申請できる。香港永久性居民身分証は3年間連続して香港を離れない限り有効である。2003年からは11歳以上であれば、無条件ステイタスを得なくても永久性居民身分証を申請できるようになった。

D．家族ビザ（Dependent Visa）

香港での就労ビザや無条件ビザを取得した外国人の扶養家族や、香港人を配偶者に持つ外国人に適用される。

家族ビザでも就労は可能。ただし、外国人の扶養家族は2003年7月以降に取得した人は就労できなかった時期があった。2006年5月から再び就労できるようになった。

②就労ビザ取得の条件

10数年前であれば、英語か広東語ができる日本人であれば香港で就労ビザを取得することもそう困難なことではなかったが、ここ数年外国人の就労ビザ取得は容易ではなくなっている。

香港で就労ビザを取得するために必要な条件は何か、申請時にはどのようなことに注意すべきか——。就労ビザ申請を代行するエージェントに聞いた。

Q：香港で就労ビザを取得するための条件とは何ですか？

A：まず、ビザを申請する本人に、香港人が持っていないような特別な技能、知識、経験があるかどうかが問われます。香港人でもできる仕事であれば、外国人を雇う必然性がないからです。特殊技能と言われているのは、例えばＩＴ関係であれば日本のコンピューターの専門用語に習熟しているとか、エンジニアなどでしょう。

職歴は最低ラインとして３年は必要です。ですから、過去の職歴や資格と関連のない職種への就職では、未経験ということになりますので就労ビザの取得は難しくなります。

Q：営業や事務職は一般的な職種ですが、ビザは取得しにくいのですか？

A：営業や事務職の場合は、職歴として５年は欲しいですね。５年くらいの経験がなければ、香港人を上回る経験というふうには判断されにくいからです。

Q：そのほかに必要な条件は？

A：雇用側の財務状況が安定しているかどうかも審査されます。ビザ申請をする本人を雇うに足るだけの企業であるのかどうかを、法人税申告書や決算報告書などから判断します。

また、こういうケースは多くはないのですが、設立したばかりの日系企業で最初の従業員として日本人を雇用しようとする会社は、香港人の雇用を考慮していないと判断され、ビザは下りにくいでしょう。

ビザ申請時には各種書類（右頁の【就労ビザ申請に必要な主な書類】参照）が必要になります。必要書類は期間内に完全な形で提出することが大切です。一度申請が却下されると、再申請を行なうのは困難なことだからです。

Q：ビザ申請から発給までの期間は？

A：駐在員の場合は４週間程度、香港での現地採用者の場合は６週間から８週間が発給までの目安です。日本の本社から派遣され

てくる駐在員のほうが早く取得できるのは、十分な職歴があり、職位も重要なポストであることが多いためです。

Q：その他、ビザ申請時に注意したほうがいいことは何ですか？

A：ビザが正式に発給されるまでは就労することはできません。申請中に働くことは違法で、違反した場合は厳しく罰せられます。香港内で転職をした場合も、保証人である雇用主が変わるわけですから、そのむねを入境事務処へ届けなければなりませんし、変更申請が許可されるまでは就労することはできません。

また、ビザを発給しやすくするために、履歴の改ざんや実際とは異なる職位や待遇を申請してしまう人がいたりします。例えば、実際は15,000香港ドルの給料なのに20,000香港ドルとしたり、アシスタントマネージャーであるのにマネージャーとして書類申請をしたりするのです。しかし、次に転職をしようとして、例えば17,000香港ドルでアシスタントマネージャーとして採用が内定したとすると、以前の職場よりも職位や待遇が落ちるわけですから、ビザ審査の担当官に不審に思われ、残念な結果に結び付く可能性が高くなります。不正な形で一度就労ビザを取得できたとしても、将来転職をする場合には取得できなくなるといった事態になりかねません。

【就労ビザ申請に必要な主な書類】

●就労ビザ申請書

●顔写真

●パスポートのコピー

●雇用企業の登記書類

●雇用企業の財政状態を示す書類（納税申告書、決算書他）

●従業員名簿

●仮雇用契約書あるいは採用通知（申請者の職位、給与等を記載したもの）のコピー

●申請者の地位・職務内容の詳細

●申請者の職位に関連する学位および経験、またそれを証明するもの（卒業証明書や各種資格の認定書など：英文）
●申請者の職歴を裏付ける在職証明書
●雇用主の推薦状（申請者がその職務の適任者である理由など）

香港特別行政区入境事務処

http://www.info.gov.hk/immd/index.htm

❷ 広東省/就労ビザの取得

①ビザの種類

2003年9月1日より、観光、商用（業務）、親族訪問、通過目的で中国を訪問する日本人は、15日以内の滞在に限りノービザで入国ができるようになった。ただし、16日以上の滞在にはビザが必要で、ビザには、就労ビザ（略称：Zビザ）、定住ビザ（同：Dビザ）、留学・研修・学習ビザ（同：Xビザ）、訪問・出張ビザ（同：Fビザ）、観光・親族訪問ビザ（同：Lビザ）、トランジット査証（同：Gビザ）、取材ビザ（同：J－1ビザ）などがある。

中国で外国人が働くためには就労ビザ（Zビザ）を取得していなければならない。企業の中には、Zビザを申請してくれずFビザで就労させるところもあるが、違法である。

Fビザには、1年あるいは半年の間に何度も出入国ができるものの、30日以上続けて滞在できないという項目（DURATION OF STAY 30 DAYS）が入るタイプと、同項目が入らないため1年または半年連続して滞在できるタイプの2種類がある。後者は日本では取得できないが、香港の旅行代理店を通して申請することができる。フリーランスで活動していたり、起業の準備をしているなど、特定の企業に属さない人が利用している。

②Ｚビザ取得の条件

中国では1996年5月1日より「外国人在中国就業管理規定」が施行され、これによって単純労働を目的とした外国人の入国を規制している。一般的には、職歴のない外国人は就労ビザを取得できない傾向にあり、日本人でなければこなせない業務であることを明確に理由付けすることが必要だ。上海や北京などでの取得には、実務経験が重視されることが多いが、広東省では職歴がなくてもビザが取得しやすく、同じ中国大陸でも地域によって基準は異なる。日本での前職とＺビザ申請の職種は一致しなくてもいいが、申請職種に必要な専門知識、学歴、資格などがあればビザ取得に有利となる。

また、ビザにかかわる法律としては2004年に「外国人の中国永久居留の審査批准管理規則」が施行された。永久居留とはグリーンカード（永住権）のことで、取得の手続きがスタートしているが、米国などのグリーンカードと違い、職業や収入の基準のほかに中国社会への貢献が求められるもので、今の時点では一般の外国人の取得は難しいと思われる。

③Ｚビザと居留証取得まで

❶「外国人就業許可証書」を申請

雇用主が「外国人招聘雇用就業申請書」を記入し、必要書類とあわせて労働行政主管部門（業種によって異なる）に提出する。この時、申請職種の適任者が広東省では不足しており、被雇用者が申請職種の職務を果たすのに充分な実務経験を持っていることを書類に明記すること。

❷日本の中国大使館でＺビザを申請

必要書類

・ビザ申請書

・「外国人就業許可証書」

通常、約1週間でビザは発給される。

❸臨時住宿証明を取得

中国へ入国後24時間以内に臨時住宿登記を行ない、臨時住宿証明を取得する（ホテル宿泊の場合はホテルで、一般住宅の場合は最寄りの公安派出所で登記する）。

❹健康診断の受診

衛生検疫局で「健康診断」を受診し、「境外人員体格検査記録検証証明」を取得する。日本で健康診断を受ける場合は、公安局の所定の用紙に沿って国公立病院・保健所で検査を受けること。健康診断書には、エイズ、梅毒、血沈、肝炎のデータも添える。日本での健康診断書は衛生検疫局に提出し、許可印を得ること。

❺労働局で「外国人就業証」を申請

❻公安局で「外国人居留許可」を申請

2004年12月より、「外国人居留証」制度が廃止された。それまではZビザ・外国人居留証が別々に発給されていたが、2つをまとめて「外国人居留許可」と呼び、直接パスポートに貼り付ける形になった。「外国人居留許可」を取得して初めて就労が可能になる。すべての手続きに要する時間は約1ヵ月。居留許可は1年間有効で（パスポートの有効期限によっては半年のことも）、1年ごとに更新する。

■広東省で働く日本人の親睦団体

華南地区・日本人青年会

広東省で働く30歳前後の日本人たちの親睦団体。1999年4月の発足時は約20名だったが、現在登録メンバーは300名を超える。深圳市内で毎月交流会を行なっており、情報交換や仲間作りの場になっている。

http://popup3.tok2.com/home2/saishu/seinenkai-home.htm

広州で働く日本人女性の会

広州で働く日本人女性の親睦団体。2003年1月に発足した。初期メンバーは6、7名だったが、日系企業の広州進出に伴いメンバー

も年々増加。現在は30名を超える。日本や中国他都市からの出張者も飛び入り参加でき、アットホームな雰囲気。2、3ヵ月に1度交流会を行なっている。

連絡先：araitoysonline@yahoo.co.jp

❸ 労務トラブル

香港でも広東省でも労務トラブルの筆頭にあげられるのは、就労ビザに関するものだ。

香港では就労ビザ取得の項目でも触れたとおり、就労ビザが発給されるまでは働くことはできない。厳罰の対象となるので、違法行為は決して行なわないこと。

雇用企業が就労ビザを申請してくれず働かせる場合があるが、これももちろん違法だ。入国管理局から調査が入り、摘発されることもある。摘発されると、本人にも雇用企業にも罰金刑が課される。強制国外退去になるケースがほとんどで、長い人で半年間は香港に入ることができない。違法行為が記録にも残るため、今後香港では就労ビザを取得できないと思ったほうがいいだろう。

香港の企業に雇用されても実際は広東省勤務というケースもあるが、こういう場合はもちろん香港で就労ビザは取得できない。「将来的には広東省で就労ビザを申請するから、今はＦビザでとりあえず働いてくれ」といった雇用主の口約束を信じて、やむなくＦビザで就労しなければならないといったケースもある。香港や広東省で働いてキャリアを積みたいと気持ちばかりが先行し、ビザ問題を後回しにしてしまうと足元をすくわれることになるだろう。

就労ビザは海外で働いていくうえで不可欠なもの。ビザへの対処は職場が働きやすい環境かどうかをはかる目安でもある。ビザ問題を疎かにするような企業であれば、就職は考え直したほうがいいだろう。

人材紹介会社を通して就職活動を行なう場合は、採用時に提示された給与と実際の支給額が違うといったトラブルは少ないが、知人を介したり、ウェブサイトの求人に応募しての就職の場合は雇用契約時に注意が必要だ。特に、小規模な会社では契約書を交わさずに雇用し、雇用条件があいまいなままに働き始めるケースがある。給与などの待遇面については雇用契約時に自分の要求を明確に伝え、雇用契約書を必ず交わすこと。「給料が安くても海外で働くことができればいい」と思えるのは最初のうちだけだ。数年は経験を積もうと思っているなら尚更で、海外で働こうとするなら自分自身で自分の権益を守るという自覚を持って雇用契約にのぞみたい。

❹ 起業する

■香港

香港では会社が設立しやすいとよく言われるが、最低資本金が2香港ドルからであることや、法人税の安さ、中国大陸と違って外貨持ち出しが容易であることなど、メリットは多い。

現地法人を設立するには、事業開始日から1ヵ月以内に公司註冊処（登記所）に事業登録をしなければならない。

事業登録の前に、類似した社名がないかどうかを登記所で調べること。すでに登記されている会社と類似した社名の場合、登記の時点で却下されることがある。申請に必要な書類は、基本定款、会社定款、法律順守宣誓書などで、会社設立の手続きは会計事務所や弁護士事務所などに委託する場合が多い。個人でも申請することはできるが、かなりの時間と労力を費やすことになる。

会社の設立が承認されたら、税務局に商業登記証を申請する。この時点で、最低2名の役員（香港非居住者も可。株主が兼任することもできる）を決め、秘書役員（香港居住者）を任命しておく。

事業登記と商業登記が申請から認可されるまでの期間は1ヵ月～1ヵ月半。

以上のように会社設立自体は比較的容易に進むのだが、難関は投資ビザの取得だ。すでに無条件ステイタスや家族ビザを取得していれば起業後も別のビザの取得は必要ないが、それ以外の起業家の場合は投資ビザを取得することになる。ある程度の資本金があり、事務所を構えている。さらに、香港人スタッフを雇用し、会社として正常に利益を上げることができる、と判断されなければ投資ビザは発給されない。

■広東省

外国人・外国企業が中国で会社を設立するには、独資や合弁・合作の方法があるが、いずれも数10万米ドル（業種、地域・地区によって異なる）の資本金が必要であり、一個人が起業するにはまずこの大きなハードルを越えねばならない。

また、外貨流出を避けるために中国では外資の持ち出し・送金規制を行なっているほか、業種によっては参入規制があり設立しようとする会社の「項目建議書」が批准されないこともあるなど、中国進出は決して簡単なものではない。

そのため、外国人に比べて少額の資本金で起業できる中国人の名義を借りて会社を興す人も多い。この時、たとえどんなに親しい間柄の信頼できる中国人であっても、名義貸しに関する契約書は弁護士を通じて交わすこと。この契約書を省略したために、会社を奪われてしまった例は少なくないからだ。

会社の設立には、資本形式や業種などによっても異なるが、「項目建議書」の批准を受けた後、類似商号の調査・商号登記、工商行政管理局への法人設立申請書の提出、税務登記、銀行口座開設などを基本的には行なっていくことになる。

香港で日本語教師として働く（32歳女性）

香港には大学が８校、そのうち５校に日本語学科があります。香港の日本語熱はとても高いので、民間の日本語学校もたくさんあり、中堅でも10校ほどあります。香港で以前に開かれた日本語学のセミナーで聞いたところでは日本語学習人口は２、３万人。日本語検定の受験者も年々増えています。2002年は5,700人だったのが、2005年には１万人を超えました。香港にはＣＥＦという社会人への教育給付金制度があり、資格を取得すると給付金が支払われます。受験者数の増加は、日本語も2004年に給付金制度の対象になったためだろうと言われています。

また、香港の人は資格取得にこだわっていて、勉強したからには形として残さないと、という気持ちが強いようです。これも厳しい競争社会の現れだと思います。ですから、会話力をアップさせるよりも、試験対策として文法を教えてほしいという声が比較的強いですね。

★

日本語学校が多いですから、日本人の日本語教師も相当数います。民間学校の常勤講師だけで50人くらいはいるのではないでしょうか。非常勤になると、その３倍くらい。ご主人の駐在で香港に来たという駐在員夫人で、日本語教師の資格を持っていない方たちです。さらに、大学の常勤講師が加わりますから、かなりの日本人の日本語教師がいる計算になります。

私の場合も駐在員夫人として香港へやって来ました。大学卒業後一般企業で働いた後に半年間専門学校へ通い、日本語教師の資格をとっていましたが、日本語教師として働いた経験はありませんでした。香港に来て３ヵ月目に、知人の紹介で民間の日本語学校で教えるようになりました。

夜のクラスで週に２回、ホテルや日系企業での授業が週２回。ほとんど毎日授業があって、この学校では３年間教えました。人間関係も良かったですし楽しい職場ではありましたが、このままずっと１つの学校だけで教えていても、経験としてはそれほど評価されません。帰国後に、日本語教師として良い職場が見つかりにくいと思い、キリの良いところで辞めることにしました。

退職は、時期を見極める必要がありました。仮に、新しい職場が見つかっても、在職中であれば生徒さんへの責任もありますし、雇用契約の期間中であればそう簡単に辞めることはできません。特に、私が勤めていた職場は契約の縛りが厳しいところでした。在職中に転職先を決めてしまって、学校側と揉めてしまった人の話も聞いていました。円満な形で辞めないと、香港は狭いですからね。一度トラブルを起こしたりすれば次の仕事にも響いてきます。ですから、あえて転職先を決めないまま辞めることにしました。

自宅で１ヵ月ほど教えているうちに、中文大学の（社会人向け）校外課程の求人広告が香港で発行されている日本語雑誌に掲載されました。

実は、中文大学に日本語講師の友人がいまして、彼女から求人広告が出る時期というのを教えてもらっていたんです。大学の講師は欠員補充ですから定期的に募集がかかるわけではありませんが、求人が出るとすれば新学期の始まる前の８月末と、学期中盤の 11 月、それに後期開始前の旧正月明けの２月と同じく学期中盤の４月。大体年に４回とのこと。それで、11 月に求人広告が出ることを期待して 10 月に前の職場を退職したんですが、ちょうどタイミング良く応募することができました。

お給料ですか？大学の場合は時給がかなり高いんですよ。例えば、日本で日本語教師をするなら１時間 2,000 円くらいで、香港の民間の語学学校も同程度ですが、大学ですとその２、３倍になります。

中文大学で働いたのは、2001 年 12 月から 2002 年７月まで。辞めたのは、新設の日系語学学校がスクールマネージャーを募集しているという広告を見つけたからです。単なる日本語教師だけでなく、教案を作る側になるというのはとても魅力的でした。私くらいの経験年数では日本ではとてもムリなポジションですが、挑戦するだけはしてみようと応募、運良く採用されました。

日本語クラスの教師は全部で 15 人、香港人が４人に日本人が 11 人。教壇に立つのは週３回で、そのほかは教案やカリキュラムを作ったり、教師をトレーニングしたり、サポートをしたりと管理していくのが主な仕事でした。この学校には３年ほど勤務しましたが、昨年、学校自体が香港から撤退することになり、退職しました。

そんな時に、今の語学学校の話が舞い込んできまして…。フランス人がオーナーで、英語・フランス語をメインにした設立 20 年になる学校です。ここ 5、６年で北京語・広東語を始めたのですが、さらに日本語、ドイツ語、スペイン語も加えることになり、私が採用されました。前の職場で、日本語学校の立ち上げにかかわったという経歴が評価されたようです。

★

香港で日本語教師としてのスタートを切りましたが、教師だけでなく、思いがけず教師を育成・管理する側の経験も積むことができました。ですから、本気で日本語教師をやってみたいという人にとっては、香港はチャンスのある場所ではないかと思いますよ。

住居を探す

❶香港の住環境と家賃相場

香港の住宅は20～40階建ての高層集合住宅が中心で、戸建住宅もあるにはあるが家賃が高額なうえに数も少ない。

日本人が多く住む地区は、香港島サイドの「太古」エリアと九龍サイドの「黄埔」エリア。太古はジャスコやユニーなど日系スーパーのほかにショッピングモールなどがあるうえに、地下鉄沿線で交通の便も非常に良い。黄埔もジャスコのほかショッピングモール、レストランが充実している。中国本土とを結ぶ九廣鐵路（ＫＣＲ）の紅磡駅が近いため、本土側への出張が多い人には便がいい。

日本本社から派遣された駐在員であれば、会社の借り上げもしくは家賃補助などがあるため、家賃が数万香港ドルの高級マンションに住むことも可能だが、現地採用や起業しようとする人は、もう少し家賃が手頃なマンションに住むことになる。家賃が5,000～8,000香港ドルで、広さは500～700平方フィート。中心部から少し離れた高層マンションや中心部の築30年以上のマンション、アパートといった物件になるだろう。思い切って自然が豊かな離島に住むという選択肢もある。離島と言っても、例えばランタオ島の「ディスカバリーベイ」と中環（セントラル）間の所要時間は30分以内で、フェリーが24時間運航しているため、通勤に不便を感じることはない。

住居の面積表示が平方フィートなのは、1997年まで英国の統治にあった影響で、1平方フィートは、0.093平米となる。表示には部屋やベランダだけでなく、エレベーターや廊下などの共有スペー

スも含んでいることが多い。

インタビューページに登場した人たちの住環境を見てみると、持ち家である2人を除けば、家賃の平均は約7,000香港ドルで、広さは平均およそ500～600平方フィート。間取りは、2ＬＤＫタイプが多い。

▲犯罪防止のため、エレベーターにもドアがついているアパートもある

ほとんどの賃貸物件に、ベッドやソファ、机、タンスなどの家具、冷蔵庫、洗濯機、テレビなどの電化製品が揃っているので、日本からは衣服や身の回り品だけを持ってくれば、すぐに生活を始めることができる。また、大家との交渉次第では備品を追加したり、変更することも可能だ。

次ページの間取り図1は、「黄埔」エリアに住む40代男性Ａさんの賃貸物件。14階の2ＬＤＫで500平方フィート、家賃は7,300香港ドルだ。備え付けられていたのは家具がベッド2、ソファ2、リビングテーブル1、ダイニングテーブル1、椅子2、洋服ダンス1、靴箱1で、家電はテレビ1、ＤＶＤデッキ1、冷蔵庫1、電子レンジ1、洗濯機1、エアコン3。自分で新たに購入したのは、寝室のテレビと客間にあるパソコンラックだ。物件の下見をした際に、床や壁が汚れていたため、契約交渉時に張り替えてもらう取り決めをし、内装が新しくなった状態で入居した。また、以前住んでいたマンションは水回りが悪くトラブルが多かったため、蛇口も新品に取り替えてもらったという。

香港の賃貸物件には、家賃に加えて管理費と不動産税がかかるた

間取り図1　香港・Aさんの部屋

2LDK　500平方フィート（46.5平米）家賃7,300香港ドル

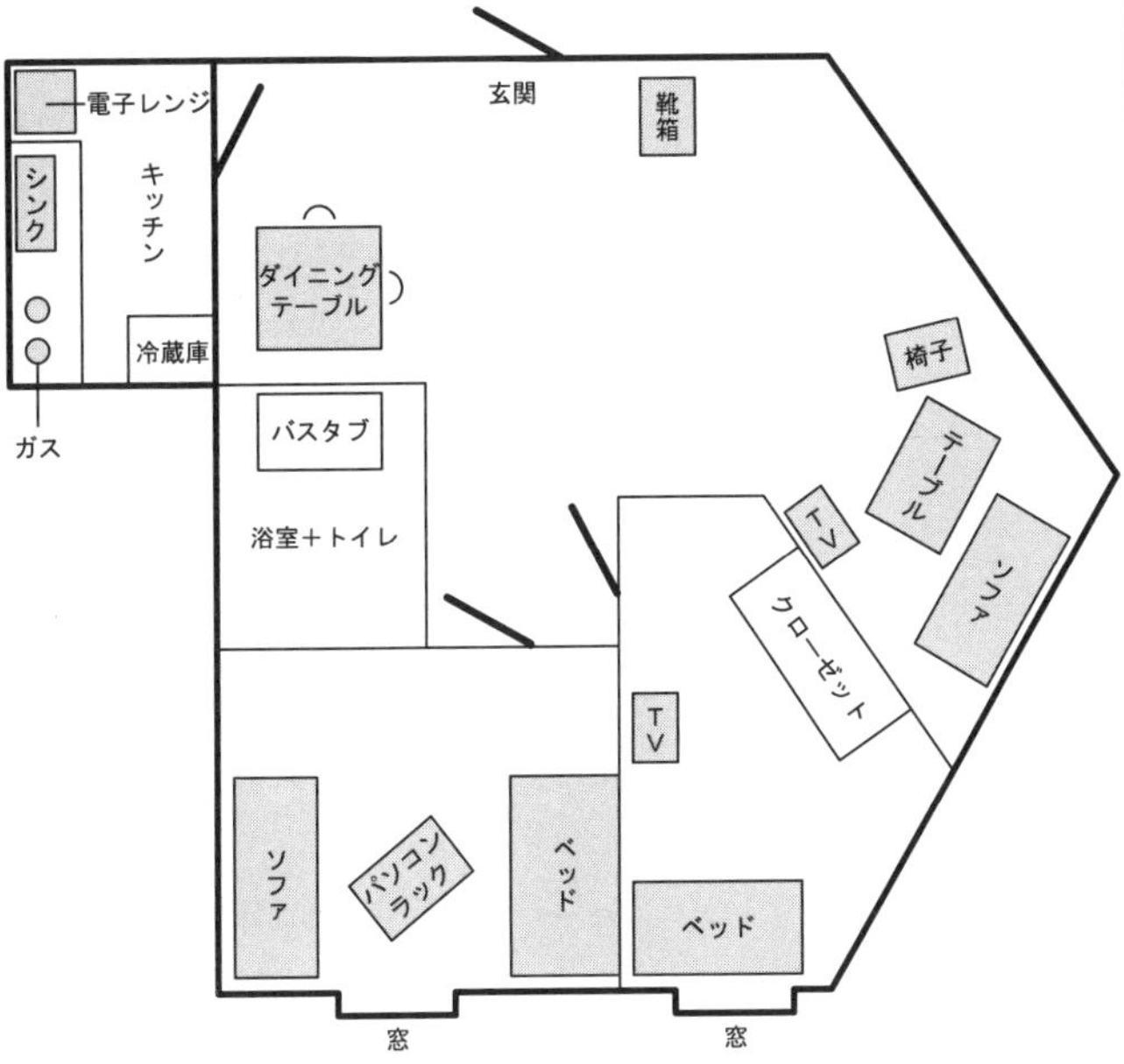

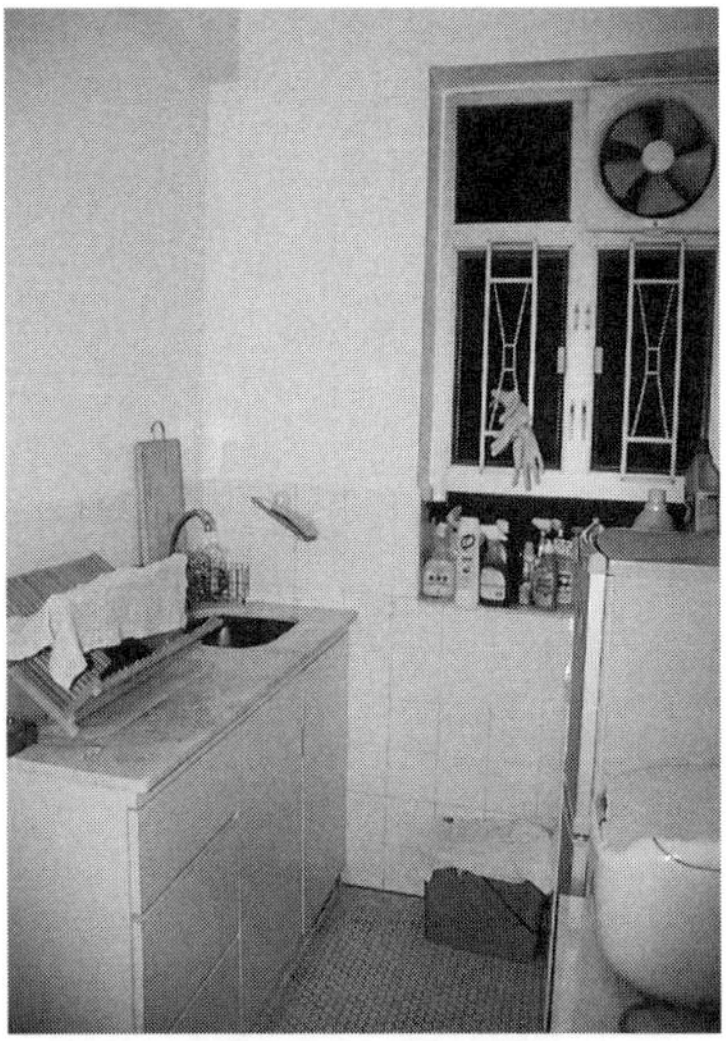
▲香港ではトイレの水は海水を利用している

め、契約の際にはそれらが家賃に含まれているのか否かを確認したほうがいい。家賃の振り込みは、大家の指定した銀行口座に振り込むか小切手を郵送する。

契約年数は通常2年とすることが多いが、交渉の中で2年目は退出の1、2ヵ月前に大家に通知をすれば違約金の支払いは免除とするという項目を付記することもできる。契約時には、当月の家賃と保証金として2ヵ月分の家賃を大家に支払う。保証金は退室時に戻ってくる。不動産屋への手数料は家賃の半月分を支払う。

賃貸契約を更新する場合は、大家と家賃の引き下げや家具や家電の追加や交換なども交渉したほうがいい。

❷ 広東省の住環境と家賃相場

広東省と一口で言っても広大なので、ここでは日本人居住者の比較的多い深圳について記したい。

職場が一般企業であるのか、それとも工場勤務かによって住居のスタイルは異なる。

企業の営業職などにつく人の場合は、勤務地が市中心部にあるため、通勤の便が良い中心部に高層集合宅に住まいを探すことになる。

数年前までは、住環境があまり整備されていなかったため、家族帯同の駐在員の中には香港に住み、深圳の勤務地まで毎日通勤するという人も多く見られたが、最近は住環境も整いつつあり、家族帯同で深圳に暮らす駐在員も増えている。

日本人の居住者が多い地区は、香港との国境である羅湖があり、日系をはじめとした外資系企業が集まる「羅湖」エリア、香港との国境の皇崗がある「福田」エリアや、香港までフェリーで1時間の「蛇口」エリアなど。2,000〜4,000元で、２ＬＤＫや２ＤＫの住まいが見つかる。日系企業の多くが、現地採用者であっても家賃補助をしてくれるところが多い。

家賃の振り込みは、大家の指定した銀行口座に振り込むか手渡しする。契約年数は1年か2年。契約時には、当月の家賃と保証金として2ヵ月分の家賃を大家に支払う。保証金は退室時に戻ってくる。賃貸契約を更新する場合は香港と同様に、各種交渉をしたほうがいい。

工場勤務の場合は、勤務先が市中心部から離れた工場地帯にあるため、工場の敷地内に建てられた社宅に住むことが多い。

同じ工場勤務でも比較的市の中心部に近く、商業施設や住宅も立ち並ぶ「布吉鎮」などでは、会社が借り上げたアパートに住む人もいる。

間取り図2は、工場まで徒歩3分の会社借り上げアパートに住む30代男性Ｂさんの住まいだ。3Ｌ(キッチンなし)で広さは約90平米、借り上げなので家賃の自己負担はない。光熱費も会社負担だという。

備え付けられていたのは家具がベッド2、ソファ2、リビングテーブル1、書斎机、洋服ダンス1、家電は飲水機1、テレビ1、冷蔵庫1、電子レンジ1、洗濯機1、エアコン2。自分で新たに購入したのは、リビングルームのエアコンと、電子レンジ、温風器、書斎机用の椅子だ。

Ｂさんが温風器を購入したのは、この地域のエアコンは冷房機能しかないため。亜熱帯性気候で冬は短く暖かいが、旧正月前後は冷え込むので暖房器具が必要となる。テレビはないが必要性もあまり感じないそうで、購入はしていないという。情報源はもっぱらインターネットとラジオで、ＤＶＤソフトもパソコンで視聴している。

間取り図2　深圳・Bさんの部屋

3L（100平米）会社借り上げアパート

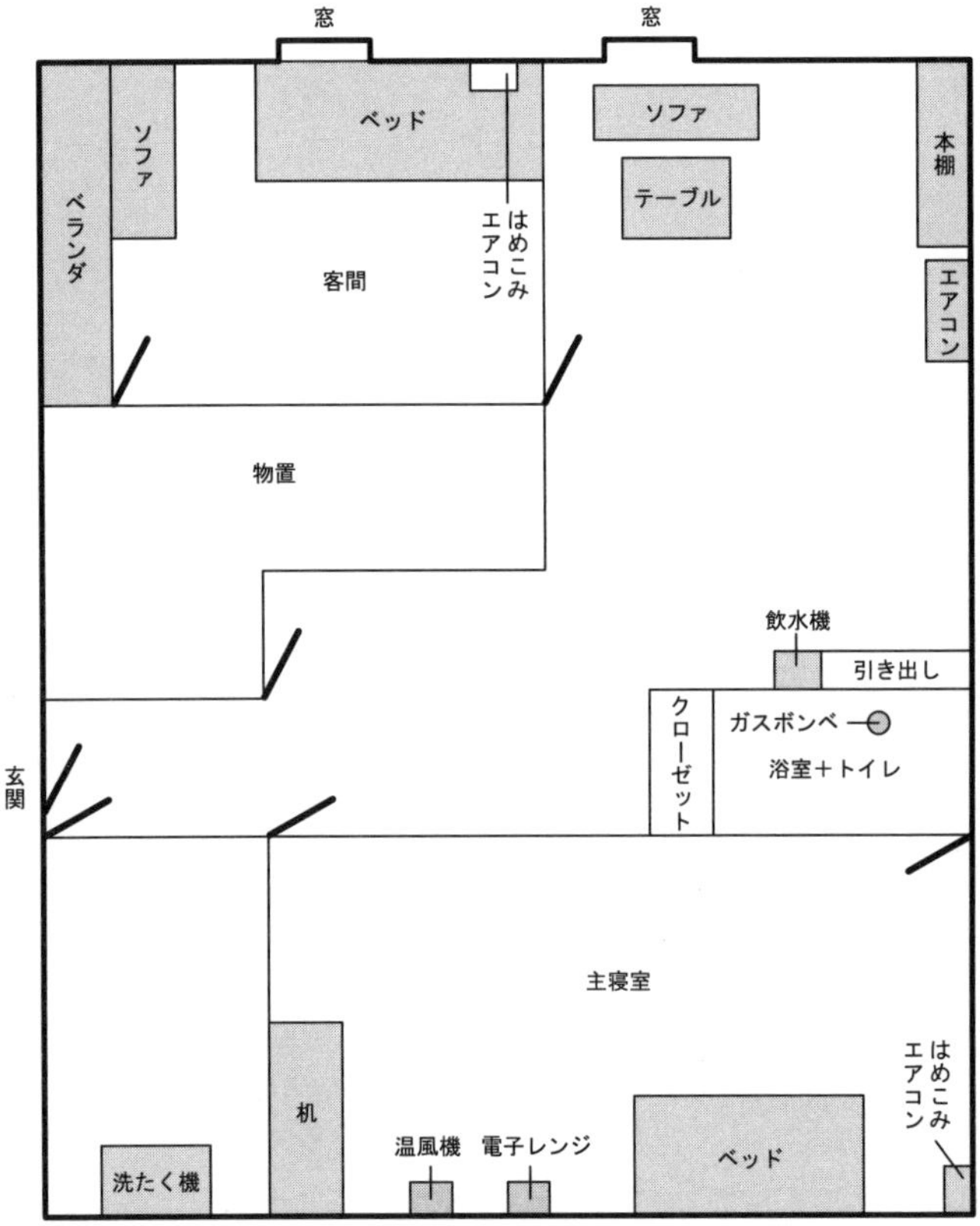

❸ 住居の探し方

香港でも広東省でも住居探しは日本と同様、不動産屋を利用するのが一般的だ。香港には日系の不動産屋もあるが、主に駐在員用の高級物件を扱っているので、地元不動産屋を利用するほうが取り扱い件数も多く、手頃な物件を見つけやすいだろう。日系のエイブル香港が毎月、『ab.CHINTAI（エイビー・チンタイ）香港版』を発行していて物件数も100件ほど掲載しているが、ほとんどが高級物件だ。時折、数千香港ドルの物件も掲載されることがある。広東省には現時点で日系不動産屋はない。

自分の住みたいエリアにある地元の不動産屋を訪ねて、自分の希望を必ず具体的に伝えること。家賃は交渉可能なので、希望価格より少し高めを上限として伝えるとよいだろう。

香港の不動産屋は「中原地産」や「世紀21」などの店舗を多数抱える大手と、地元密着型の中小とがある。大手であれば英語も通じるが、小規模となると広東語しか通じないことも多い。また、大手では、北京語が通じることも少なくない。可能ならば、現地の同僚や友人などに付き添ってもらったほうがよいが、無理な場合は自分の希望を紙に書いて伝え、値段や備品交渉も筆談で進めたい。広東省の不動産屋で通じるのは、広東語か北京語のみ。英語はほとんど通じないと思ったほうがいい。

香港ならば､地元紙『星島日報』や英字紙『サウスチャイナ･モーニング･ポスト』の不動産情報ページを利用することもできる。インターネットならば、香港地産街 http://www.propertystreet.net/（繁体字)、深圳房地産信息網 http://www.szhome.com/index.htm（簡体字)、広州地産街 http://www.gz-house.com/（簡体字）などがある。事前に見ておけば、住みたいエリアの相場や物件の当たりをつけることができる。

▲大きな不動産屋などでは、広東語のほか英語、北京語も通じる

❹ 住居選びのポイントと交渉

①物件を見る時の主なポイント

香港・広東省の賃貸物件にはほとんど家具や電化製品が付いているので、自分で家財道具を揃える必要はないが、入居後に電化製品の故障や水回りなどのトラブルが起きることは多いので、入居前に入念なチェックが必要だ。

チェックポイントリスト

部屋

●**水回り**　トラブルで一番多いのが水回りなので、特に注意してチェックすること。すべての蛇口をひねって、水圧が充分かどうか水漏れしていないかを見る。高層階であればあるほど水圧が低くなりやすい。トイレの水も流してもみること。流れが悪いと、後々ストレスのもとになる。また、香港ではトイレに海水を使っているところが多いため、下水管が錆びやすいことも知っておきたい。

●**電気・電化製品**　電気をつける。電化製品の電源を入れる。電化製品が壊れている場合は指摘して、修理をしてもらう。電気の容量は充分かどうか。エアコンは壁・窓はめ込み式と壁掛け式がある。古いタイプのはめこみ式の場合、音のうるさいものやタイマーがないもの、温度の微調節がきかないものがある。

●**ガス**　ガス湯沸かし器の位置を確認する。浴室内や寝室に隣接にしている場合は、危険。49ページのＢさんの部屋のように、広東省ではガスボンベを浴室や台所に設置する物件もあるので、注意が必要。ガスは実際につけてみて、ガス漏れがないか、部屋の空気の流れや換気が万全かを見る。

●**バス・トイレ**　香港・広東省では、風呂とトイレが一緒になったユニットタイプがほとんど。安い物件では、バスタブがなくシャワーだけという部屋も多い。バスタブがある部屋でなければイヤだという人は、物件探しの時点で不動産屋に希望条件としてはっきり伝えておくこと。

●**家具**　一見立派に見えても、作りが雑なことが多い。クローゼットは扉の開け閉めなどをすること。

●**防音**　左右、上下の部屋からの騒音はないか。壁をたたくなどして、チェックする。

●**建てつけ**　窓からのすきま風はないか。あっても、許容範囲かどうか。フローリングの床は反ったり浮き上がっていないか。

●**電話**　電話は通じるか。広東省の場合、市内通話のみで長距離通話（国際電話）が無理な物件もある。長距離通話が無理な場合は、スカイプなどＩＰ電話を利用すればよい。

●**インターネット**　ＡＤＳＬなどがすでに敷設されているか。

●**暖房器具・除湿機**　香港・広東のエアコンは冷房機能しか付いてないので、

旧正月前後の冷え込む時期には暖房器具が必要となる。内見時になければ用意してくれるよう交渉してみるといいだろう。湿度の高い香港・広東では除湿機も活躍する。

環境

●セキュリティ　住居の防犯はどうか。階下に警備員や管理人がいるかどうか、いない場合は居住者以外の人間の入出が簡単かどうかを見る。

●コンビニ・スーパー・郵便局・クリーニング店　周囲にあるかどうか。公共料金の支払いができる郵便局は、近くにあると便利。

●交通機関　最寄り駅までの所要時間はどのくらいか。広東省では、タクシーが拾いやすい場所かどうか。

大家

部屋の様子や周囲の環境を見ることはもちろん大切だが、「香港・広東省の住居探しで一番大切なのは、大家がどんな人かということ」と言い切る人もいるほど、大家の人柄は重要だ。新築でどんなに美しい部屋を借りても、水漏れや電化製品の故障などトラブルは1年も暮らせば必ず発生する。トラブルが発生した際に、すぐに対処してくれる人かどうかを見極めよう。また、大家が海外に居住していたりする場合は、大家の代理人がいるかどうか、またその代理人の人柄を見極めたい。

物件選びのポイントはかなり多いが、日本とは異なる環境の中での生活は、想像している以上にストレスを感じるもの。仕事をするうえでも日本的常識は通用せず、戸惑ったり苦労することも多いだろう。そのため、日本で生活するよりも“家”の存在は重要になってくる。ゆっくりと寛げる自分にとっての安らぎの空間を得るために、物件を見る際に細かくチェックしたい。住み始めた後にトラブルを最小限に抑えることができるだけでなく、契約の際に不備な点を交渉の材料に使い、家賃を抑えることもできるので、億劫がらずにチェックしよう。

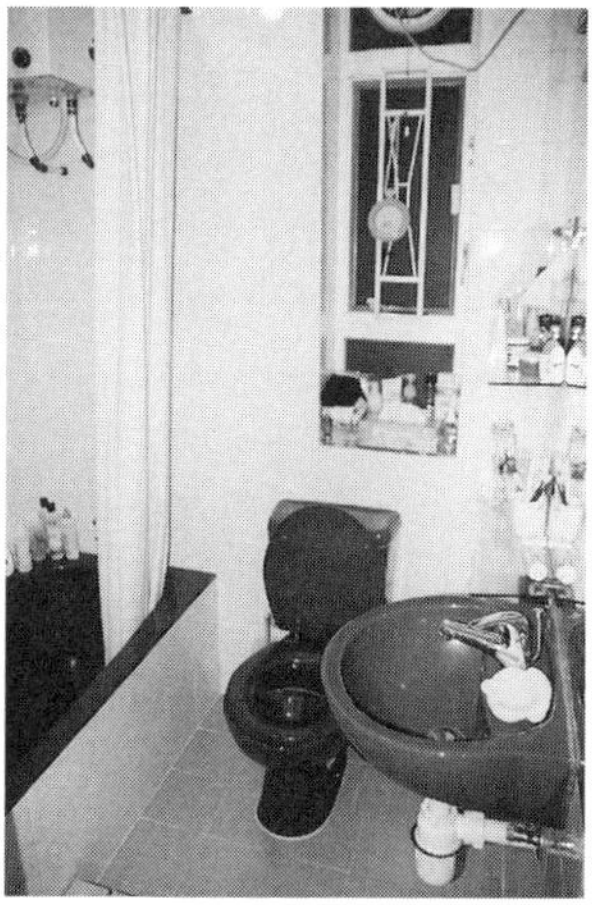

▲バス·トイレが一室にあるユニットタイプがほとんど

▲広東省ではガスボンベが浴室や台所にある

②交渉

<家賃>

値引き交渉が可能。日本人は家賃を滞納せず、部屋を汚さずに住むことが知られており、日本人に貸したいという大家も少なくない。「私は日本人なので、キレイに住むから家賃を安くしてほしい」というのは、交渉の切り札になる。管理費や（香港の場合は不動産税も）家賃込みになるのかどうかを確認すること。

<家具・電化製品などの備品>

備品にないものでも、交渉次第ではDVDデッキや飲水機（香港でも広東省でも、飲料水の宅配サービスが普及している。飲水機に、その飲料ボトルを設置する）、CDコンポ、本棚、靴箱などを追加してくれることもある。家賃が高ければ高いほど、交渉の余地はある。家賃をディスカウントできなかった場合は、家具・電化製品で足りないものを用意してもらったり、ADSLを敷設してもらうなど、交渉したほうがよい。

<清掃>

部屋が汚れている場合も多いので、引越し前日までに清掃を完了

してもらうよう確認すること。壁や床に水漏れによるシミが残っている場合は、張り替えを要求してもいいだろう。

<契約書>

毎月何日までに家賃を払わねばならないか、支払いが遅れた場合はどうなるか、退室する場合はいつまでに通知しなければならないか、退室時の保証金の返還などに、特に注意すること。交渉で決定した備品の追加や変更などは口約束ではなく、契約書に追記してもらったほうがよい。いつまで経っても備品が追加されない場合、なし崩し的になかったことにされるのを防ぐことができる。

<鍵の交換>

前住人が鍵を所持したままという可能性もなくはないので防犯上の理由からも、鍵の交換はしたほうがよいだろう。鍵の交換費用も大家が負担してくれる場合もあるし、個人負担の場合もあるが、これも交渉次第。

暮らす

❶祝祭日と伝統行事

①香港の祝祭日と伝統行事

長く英国領だった影響から香港には中国と西洋が折衷された文化や習慣が残っており、伝統行事にも色濃く反映している。復活節（イースター）や聖誕節（クリスマス）の休暇があると思えば、墓参りをする清明節や、家族が揃って月見をしながら月餅を食べる中秋節の翌日が休みになるなど、大陸では休日扱いにはならない伝統行事も香港では祝日となっている。

大陸と共通なのは、元旦と春節（旧正月）、労働節（メーデー）、国慶節（建国記念日）の４つ。

＜主な年中行事＞ ★印が法定祝祭日

★元旦（1月1日）
★春節（旧暦1月1日／2007年は2月18日）
元宵節（旧暦1月15日／同3月4日）
★清明節（4月5日）
★復活節（2007年は4月16～19日）
★労働節（5月1日）
★仏誕節（旧暦4月8日／同5月24日）
★端午節（旧暦5月3日／同6月19日）
★香港特別行政区成立記念日（7月1日）
盂蘭盆（旧暦7月15日前後）
★中秋節（旧暦8月15日／同9月25日）の翌日

★国慶節（10 月 1 日）
ハロウィーン（10 月 31 日）
★重陽節（旧暦 9 月 9 日／同 10 月 19 日）
★聖誕節（12 月 25 〜 26 日）

②広東省の祝祭日と伝統行事

中国の法定の祝祭日には元旦、春節、労働節、国慶節がある。元旦は 1 日のみで、春節などはそれぞれ 3 日間の休みとなるが実際は法定の休日よりも多く休む（約 1 週間）。大型連休とするために、直前の土日を振り替え出勤日とする会社も多い。この 4 つの祝祭日はすべての人が休日となるが、そのほか、国際婦女節（国際婦人デー、3 月 1 日）、国際児童節（国際児童デー、6 月 1 日）、中国人民解放軍建軍節（中国人民解放軍建軍記念日、8 月 1 日）などは、該当する人だけが半日または 1 日休む。

＜主な年中行事＞ ★印が法定祝祭日
★元旦（1 月 1 日）
★春節（旧暦 1 月 1 日／ 2007 年は 2 月 18 日）
元宵節（旧暦 1 月 15 日／同 3 月 4 日）
清明節（4 月 5 日）
★労働節（5 月 1 日）
端午節（旧暦 5 月 5 日／同 6 月 19 日）
中秋節（旧暦 8 月 15 日／同 9 月 25 日）
★国慶節（10 月 1 日）
重陽節（旧暦 9 月 9 日／同 10 月 19 日）

また、休日にはならないものの、伝統行事も旧暦に従って行なわれている。旧正月から 15 日目の元宵節や清明節、中秋節などは中国人にとって大切な伝統行事である。清明節前後の週末を利用して祖先の墓参りに出かけるし、中秋節の 1、2 ヵ月前になるとデパー

▲香港では、祝祭日や伝統行事も中国と欧米の折衷となっている。写真は黄大仙

トやレストラン、ホテルなどで月餅の販売が始まる。会社間で取引先に贈ったり、社員への慰労を込めて配布したりもする。

そのほか、祝祭日や年中行事ではないが、7月7日（盧溝橋事件）、8月15日（抗日戦争勝利記念日）、9月18日（柳条湖事件）、12月13日（旧日本軍の南京侵攻）なども日本人として記憶しておきたい。これらの日の前後には毎年、マスコミが抗日キャンペーンをはり、新聞特集記事や記念番組などで戦争中に旧日本軍が中国で行なった非道な行為を繰り返し報道する。こういったキャンペーンに影響されて、この時期には日本人を感情的に批判する人もいるので、その背景について理解しておくことは必要だろう。近現代史に無知や無関心であることが中国人の不快感をあおる場合もあることを忘れずにいたい。

❷ 物価水準と生活費の目安

香港では手に入らないものがないほどで、日本とほぼ同じレベルの生活を送れる分、物価は高い。

事務系の仕事で、香港で働き始めた人がもらえる給与の相場が15,000香港ドル。そこから家賃、光熱費、生活費や税金を払うとほとんど手元には残らない。しかし、それが九廣鐵道（KCR）に30分乗って広東省の深圳に入れば、物価は数分の1と格段に安くなる。そのため、日用品などは深圳に買い出しに出かける香港人もいるほどだ。

広東省では、職歴のない新卒者でも12,000香港ドルからで、匿名座談会「広東省で働くこと」（142ページ）でも言われているように広東省の給与相場は北京や上海よりも高い。住宅費も会社負担であることが多いうえに、日常生活の支出も少ないようだ。

では、香港や広東省で実際に生活すると、1ヵ月の生活費はどのくらいかかるのだろうか。食費や光熱費は？　貯金はできるのだろうか…。

ここでは香港在住の男性と、深圳に暮らす女性の例を紹介したい。暮らし方に個人差はあるものの物価の違いは一目瞭然である。

香港在住　Aさんの場合

31歳男性、日系メーカー勤務

（単位＝香港ドル）

収入：		22,000
（内訳：給与18,000＋家賃補助3,500＋交通費補助500）		
支出：	家賃	7,000
	食費	5,000
	光熱費	500
	電話代	200
	交通費	800
	交際費	2,000
	被服・クリーニング費	300
	娯楽費	400
	その他	2,800
	貯蓄	3,000

Aさんの給与は18,000香港ドルで、年末のダブルペイをあわせて年収は234,000香港ドル。日本円でおよそ363万円である。

納税時期はおよそ翌年の1～2月で、年に1度払う。Aさんの場合は、年間納税額は10,920香港ドルなので、月にならすと910香港ドルの計算になる。ちなみに、初めて香港で納税する人は納税時には、翌年度も同程度の収入があるとみなされ、2年分の納税をすることになっている。

家計で一番支出が多いのは、食費だ。週に2回ほどは自炊をするが、それ以外はすべて外食。1回に平均して100香港ドルくらい使う。自炊する時は日本料理を食べたいので、ジャスコなどの日系スーパーに行き、食材を購入している。毎回、納豆や味噌汁などの日本食材や魚などを買い込んでしまうので、結構な金額になっているようだ。

住まいは2ＬＤＫで、500平方フィート。家賃は7,000香港ドルだが、現在の会社に転職してから家賃補助手当てが出るようになったので助かっている。

光熱費は平均すると500香港ドルだが、電気代が最もかさむ。酷暑の時期は寝ている間もエアコンを使用するため電気代がはねあがり、800香港ドルほど

支払っている。

交際費の半分は、趣味のハイキングに使っている。香港というと高層ビル群のイメージがあるが、中国本土との国境に近い山や離島などには美しい自然が残っており、ハイキングコースはかなりある。香港人に人気がある健康法の1つでもある。Ａさんは月に2回はハイキングに出かけ、夜はそのまま仲間たちと飲みに出かける。1回の飲み代は、大体300香港ドルだ。

映画も趣味のひとつで、毎週1回は映画館に足を運ぶ。1回の入場料は、40香港ドル。ＤＶＤソフトもよく購入する。新作で1枚40香港ドル、旧作なら10香港ドル程度だ。毎月、7、8枚は購入している。

Ａさんの倹約法は、毎朝ＡＴＭから引き出すのを100香港ドルに抑えていること。財布の中に余分な金があれば、つい使ってしまうためで、特に予定が入っていない限りは1日100香港ドルしか財布に入れないようにしているという。

貯金は目標額を決めているわけではないが、毎月3,000香港ドルくらいは手元に残る。日本円で年間約50万円の貯金ができているが、会社からの家賃手当てがあるから可能なことで、補助がなければ貯蓄も難しいということだ。

深圳在住　Bさんの場合

31歳女性、日系メーカー勤務

給与と貯蓄以外は、単位＝中国人民元

	現在	2年前
収入：給与	26,000香港ドル	19,000香港ドル
支出：家賃	3,100	1,300
食費	1,500	1,000
光熱費	350	350
電話代	300	300
交通費	500	300
交際費	600	600
被服・クリーニング費	500	500
娯楽費	3,000	1,000
その他	1,100	300
所得税	4,000	0
貯蓄	11,050香港ドル	13,350香港ドル

Bさんの給与は現在、2万6000香港ドル。広東省の日系企業には、香港ドルで給与を支払う会社も少なくない。ダブルペイやボーナスはないので、年収は×12ヵ月で、312,000香港ドル。日本円で、約484万円である。

現在は深圳市中心部にある日系メーカーの駐在員事務所に勤めているが、2年前までは深圳市と広州市の間に位置する東莞市の日系工場で働いていた。東莞市は香港から列車で約1時間、車で3、4時間の場所にあり、日系企業も数多く進出している。工場勤務当時の給与は19,000香港ドルだったが、これまでの経験が認められて転職後はかなりの待遇アップとなった。7,000香港ドルというと日本円にすると10万円以上の昇給になる。

そのかわり、家賃は2倍以上に。以前は工場近辺に住んでいて、家賃がかなり安かったためだ。現在の住まいは、2ＬＤＫで70平米。広東省では家賃補助の出る会社が多いが、Bさんのように給与が高いかわりに家賃は自己負担となっている人もいる。

工場勤務の頃は、朝昼は工場の食堂で食べており、夜だけが外食だった。今

は、朝は自宅で簡単に済ませ、昼も夜も外食をしている。そのため、食費も1.5倍になった。とはいえ、香港で暮らすことを考えれば、ずいぶん安く上がっている。

生活で一番変化したのは、休日やアフターファイブの過ごし方だ。工場勤務の頃は、按摩に行くかＤＶＤを見るのくらいしか楽しみがなく、あとはたまに香港へ出かけるくらいだった。今は、エステやプールに行ったりと優雅な生活を送っているようだ。家賃をのぞくと、一番支出が多いのが、この娯楽費になる。

もう1つの変化は、お手伝いさんに週2回掃除を頼むようになったこと。これが、毎月600元。安価でお手伝いさんを雇えるのは、中国で働くことのメリットの1つだろう。

所得税は、毎月4,000元。以前は実は申告をしていなかったが、違法行為なので不安を感じていたという。

香港への距離が近くなったせいか、香港で購入する日本の書籍や雑誌も増えて、今は毎月500元ほど使っている。

深圳では買えないものでも香港に行けば手に入る。病気や怪我をした時も現地の病院では不安が残るが香港に行けば十分な治療を受けられる——。いざとなったら香港へ行けば何とかなる距離にあることが、まだまだ不便の多い深圳で働いていくうえでの大きな安心感につながっているようだ。

貯金額は2年前より減ったが、それでも毎月11,050香港ドル。年間132,600香港ドルで、日本円で約200万円になる。帰国時や海外旅行で散財してしまうこともあるようだが、Ｂさんと同年齢の女性で年間これだけの貯蓄をすることは日本では簡単ではないはず。将来会社を興したいというような人には、経験も積めるうえに資金を貯められる広東省は絶好の場所かもしれない。

❸ 買い物事情

■香港で利用しやすい店

「旅立つ前に」の章でも述べたように、香港には日系スーパーや日系デパートがあるため、日本の食材や日用品も簡単に購入できるし、その他の外国製品や中国製品も含めて品揃えが豊富だ。日系スーパーでは300香港ドル以上など一定額を購入すると、無料でデリバリーをしてくれる。

「恵康（Wellcome)」や「百佳（Parknshop)」など香港系スーパーは店舗数も多いうえに22時まで営業しているところが多く、恵康の中には24時間営業の店舗さえある。仕事帰りにも立ち寄りやすい。

コンビニエンスストアは街中だけでなく地下鉄構内にもある。食品、飲料、日用品、新聞・雑誌、タバコなどの販売、各種公共料金の支払いなどもできる。公共交通ＩＣカード「オクトパス」（詳しくは86ページ参照）での支払いや、カードの残高が少なくなればチャージもできる。

また、街市と呼ばれる生鮮市場も数多くあり、地元の人で賑わっている。スーパーと違い、自分の欲しい量だけを買えるのは便利だ。

【日系スーパー】

吉之島（JUSCO)

太古、黄埔など香港に8店舗を構える。

http://www.jusco.com.hk/chi/index.htm

UNY

香港太古城道18号　太古城中心

http://www.unyhk.com/

City Super

香港銅羅灣勿地臣街１号　時代広場Ｂ１Ｆ

中環、尖沙咀にも店舗あり。

http://www.citysuper.com.hk

西田（SEIYU)

香港沙田沙田正街 2-8 号　新城市廣場

http://www.seiyu.com.hk/

【香港系スーパー】

惠康（Wellcome)

http://www.wellcomehk.com/

百佳（Parknshop)

http://www.parknshop.com/

【日系デパート】

崇光香港（SOGO)

香港銅羅灣軒尼詩道 555 号

http://www.sogo.com.hk/

香港西武

香港金鐘道 88 号　太古廣場二座

銅羅灣、旺角にも店舗あり。

▲デパートやスーパー、ドラッグストアなど22時まで営業している店が多い

▲街市と呼ばれる生鮮市場は、香港の地元の人で賑わう

【その他デパート】

連卡佛（Lane Crawford）

香港中環国際金融中心 3 F

英国系。銅羅灣、尖沙咀にも店舗あり。

http://www.lanecrawford.com/

馬莎百貨（Mark&Spencer）

香港中環皇后大道 28 号　中滙大廈

英国系。銅羅灣、尖沙咀にも店舗あり。

先施（Sincere）

香港中環德輔道中 173 号

香港系。旺角などにも店舗あり。

http://www.sincere.com.hk/

永安

香港中環德輔道中 211 号

香港系。太古城店などにも店舗あり。

http://www.wingonet.com/

香港新世界百貨

香港尖沙咀梳士巴利道 20-24 号　新世界中心

香港系。

http://www.nwds.com.hk/

裕華百貨

香港佐敦彌敦道 301-309 号

中国系。中環、尖沙咀にも店舗あり。

【コンビニエンスストア】

7－Eleven

http://www.7-eleven.com.hk

Circle　K

http://www.cr-asia.com/storelocation/e_main.html

【ドラッグストア・チェーン】

屈臣氏（Watsons）

香港尖沙咀加拿芬道 18 号

ほか店舗多数。

http://www.aswatson.com/

萬寧（Mannings）

香港灣仔荘士敦道 28 号

ほか店舗多数。

【その他】

ＩＫＥＡ

香港銅羅灣告士打道 310 号　柏寧酒店地下 1 F

スウェーデン系家具・雑貨店。九龍灣などにも店舗あり。

http://www.ikea.com.hk

住好的

香港中環荷李活道 48 号

香港系家具・雑貨店。銅羅灣などにも店舗あり。

http://www.god.com.hk

無印良品

香港銅羅灣波斯富街 99 号　利舞台 3 F

▲搾りたてジュースを売るお店

日系家具・雑貨店。尖沙咀、旺角などにも店舗あり。

http://www.muji.net

Franc Franc

香港銅羅灣百徳新街20号　恒隆中心2 F

日系家具・雑貨店。九龍塘にも店舗あり。

http://www.francfranc.com

吉之島10元広場

香港銅羅灣京士頓街9号　家居広場

日系100円ショップ。一律10香港ドル。

日本城

香港銅羅灣怡和街1号　香港大廈

100円ショップを真似たスタイルの日用品店。北角、黄埔などにも店舗あり。

■深圳で利用しやすい店

ジャスコやウォールマート、カルフールなど外資系スーパーが進出しており、深圳の買物事情も年々便利になっている。日本食材店やコンビニもある。

吉之島（JUSCO）

深圳市福田区深南中路 1095 号　中信城市広場地下 1 F

日系スーパー。龍崗などにも店舗あり。

沃爾瑪（ウォールマート）

深圳市羅湖区洪湖路湖景花園

米系大型スーパー。蛇口などにも店舗あり。

http://www.wal-mart.com.cn

家楽福（カルフール）

深圳市南山区常興南路

フランス系大型スーパー。

深三和日本食品

深圳市羅湖区田貝三路 100 号

日本食材店。

一番食品

深圳市南山区蛇口工業大道沿山路　半山名店坊 6 号

日本食材店。

▲広州にも日本食材を扱う専門店がある

■広州で利用しやすい店

深圳と同じく、日系、香港系、フランス系のスーパー等が進出している。日本食材店もあり、普段の買い物に不便さはさほど感じない。どうしても必要なものがあれば、香港へも列車で2時間なので日帰りで出かけることができる。

吉之島（JUSCO）

広州市天河路208号

日系スーパー。

家楽福（カルフール）

広州市海珠区前進路40号

フランス系大型スーパー。

百佳（Parknshop）

広州市天河北路 559-565　金田花苑

香港系スーパー。

紅日行

広州市一徳中路 258 号

日本食材店。

❹ 銀行口座

①香港

銀行口座は、パスポートか香港のＩＤカードがあればすぐに開設できる。最近はパスポートのみの場合、香港での住所や香港居住者からの保証を銀行側から求められることもあるようだ。所定の用紙に必要事項を記入し、サインをする。自分のサインはあらかじめ決めておいたほうがいい。基本的に、その場で通帳とキャッシュカードを発行してくれる。

ＡＴＭ機は街のいたるところにあり、24 時間現金を引き出すことができる。夜間手数料は発生しない。日本のようにＡＴＭ機の横に間仕切りがないため、暗証番号などが覗かれやすい。周囲に目を配ったうえで現金を引き出したほうがよいだろう。

②広東

パスポートがあれば、すぐに口座を開設でき、その場で通帳とキャッシュカードが発行される。ＡＴＭ機も普及してきており、預金の引き出しは便利になった。銀行によって異なるが、1 回に引き出せる金額は 2,000 元前後で、1 日 3 回と限定している銀行も多いので、大金を引き出したい時には銀行窓口に行く必要がある。ＡＴ

▲香港の銀行ではIDカードがあればすぐに口座が開設できる

M機に間仕切りがないのは香港と同様で、広東省はあまり治安（詳しくは84ページ参照）が良くないため、特に引き出し時には注意が必要。

■デビッドカード

香港、広東省ともに多くの銀行がキャッシュカードに、デビッドカード機能を持たせている。スーパーやデパートなどで利用することができ、預金残高以内であれば引き落とすことができる。カードを専用読み取り機に通した後に、暗証番号を入力すればいい。大金を持ち歩かずに済むので利用する人は多い。

中国大陸で発行されている銀聯マークのついたキャッシュカードは、2006年から日本のデパートや家電量販店などでも現金決済ができるようになった。また、郵便局や三菱東京UFJ銀行のATM機でも、1日の引き出し額に制限はあるものの預金引き出しが可能になり、利便性が高くなっている。

❺ インターネット事情

①香港

香港ではインターネットが普及しており、NETVIGATOR（網上行、http://www.netvigator.com）やHK Net（http://www.hknet.com/jp）などプロバイダーの数も多い。

繁華街やコンピューター街では年中、プロバイダーの新規加入の勧誘をしているので、その場で申し込むこともできるし、電話でも受け付けている。香港ではブロードバンドはADSLが一般的で、光ファイバーも増えている。加入時に住所を知らせると、ラインがすでに架設されているかどうかを確認してくれる。架設されていれば、街頭で申し込んだ場合には、その場でモデムを渡され（解約時には要返却）、開通日を教えられる。開通はおよそ、2、3日以内。使用料は24時間つなぎ放題プランで、月額100～200香港ドル。プロバイダーによってもプランは異なるので、比較したうえで加入したい。

②広東

ブロードバンドは中国でも普及してきており、ADSLが利用できる。電話回線があれば、電信局へ申請に行けば、通常1週間以内に使用できる。詳しくは、広東省電信公司（http://www.gddc.com.cn/）。料金は1ヵ月で150元程度。ケーブル回線を利用することもできる。

ブロードバンドが設置されるまでの間やブロードバンドにトラブルが発生した時には、ダイアルアップ方式を利用すればいい。固定電話の電話代に接続料金がそのまま加算され、電信局から電話料金と一緒に請求書が送付されてくる。広東省電信公司などがサービスを提供している。また、プリペイドカードタイプを利用してダイ

アルアップ方式で接続することもできる。カードは市内のパソコンショップなどで販売されており、10、20、30、50、100元と種類も多い。額面よりも安く購入できる。

❻ 電話事情

<携帯電話>

①香港

渡航後すぐに購入したいモノの１つが携帯電話だろう。

携帯電話会社の店舗が街のあちこちにあるので、すぐに加入手続きができる。携帯電話機は電話会社の店舗でも電器店でも購入できるので、電話機だけ先に購入しておいて加入手続きだけをすることもできる。加入手続きができるのは香港居住者（すなわちＩＤカード所有者）だけなので、いったんはプリペイドカード方式にし、ＩＤカード取得後に後払い式に変更することもできる。

携帯電話会社は、３－Hutchison Tel ecom（http://www.smartone.com.hk）やNew World Mobility（http://www.nwmobility.com）、SUNDAY（http://www.sunday.com.hk）など数社あり、各種サービスプランを用意しているので、比較のうえ自分に合ったパッケージプランを選びたい。１ヵ月の通話時間が10時間で100香港ドル以下など、さまざま。ローミングサービスを申し込むと、中国、台湾、東南アジア、ヨーロッパなどでそのまま香港の携帯電話を利用できる。

なお、香港ではＳＩＭカード（ＧＳＭ機種）方式が最も普及しており、カードのチップに顧客情報を記録しているので、電話の機種を変更してもそのまま同じ番号が使える。このＳＩＭカードに香港と中国の２つの携帯番号を入れられるサービスもあり、これを利用すると携帯電話1台で2つの番号を切り替えて使うことができ、ローミングサービスよりも料金が節約できる。

②広東

中国の携帯電話会社は、中国移動通信（China Mobile）と中国聯通（China Unicom）の2社。両社ともに、後払い方式とプリペイド方式の2種類がある。

後払い方式では、外国人が申請する場合は自身の身分証明証のほかに、現地企業もしくは広東省の戸籍を持つ市民の保証が必要となる。料金の支払いは、携帯電話会社のカウンター、郵便局、コンビニなどで可能。中国聯通は中国移動よりも基本料金や市内通話料金がやや安い。

広東省でも、ＳＩＭカード方式が主流なので、機種変更しても電話番号は変わらない。香港や台湾、その他のアジア諸国での使用ができるローミングサービスが受けられるのは後払い方式だけで、申請を別途行なう必要がある。

プリペイド方式の場合は、保証人が不要のため気軽に購入することができるため、外国人の利用が多い。基本料金はかからないが、通話料金は後払い方式よりも若干高めとなる。チャージには「充値卡」（プリペイド・カード）を購入し、料金を補充する。「充値卡」はコンビニや新聞・雑誌スタンド、地下鉄構内など市内あちこちで購入可能。

携帯電話機は日本よりも高価で、安いものでも約500元、高いものになると7,000~8,000元するものも。携帯電話機はデパートやショッピングモール、パソコンショップなどで販売されており、プリペイドカードの番号は携帯電話会社のカウンターだけでなく、電話機を販売している場所でも買うことができる。電話番号はいくつかの中から選択することができるが、8や連番になった縁起の良い番号や覚えやすい番号になると高価な値段で売られている。

▲携帯電話会社は数社あり、各社キャンペーンを行なっている

<固定電話>

①香港

賃貸マンションやアパートにはすでに電話が架設されている。住宅の電話は固定料金制でＰＣＣＷ（http://www.pccw.com）は１ヵ月110香港ドル、市内であればかけ放題だ。国際電話に関しては別途、サービスを申し込む。国際電話にはＫＤＤＩ香港（http://www.kddi.com.hk）など各社参入しており、携帯電話の番号も一緒に長距離電話サービスの登録ができるなどサービス競争を繰り広げている。

②広東

ほとんどの住宅に電話線はすでに架設されているが、住宅によっては長距離通話サービスを申請していないため、市内通話しかできない場合もある。しかし、市内通話しかできない電話であっても、ＩＰ電話を利用すれば、長距離通話（国内・国際）もできるし、電話料金も半分ほどに節約することができる。

▲固定電話は1ヵ月110香港ドルで市内かけ放題

ＩＰは、固定電話で契約し特定の番号をかける方法と、プリペイドカードを購入する方法がある。カードは指定番号に電話をかけ、音声ガイダンス（広東語、北京語、英語）に従って利用する。音質もかなり向上しており、利用しやすくなった。カードは携帯電話用プリペイドと同様に市内各地で購入できる。各社参入しており、ディスカウントも可能。

ＩＰを利用せずに長距離通話をしたい場合は、大家と交渉して電信局に申請手続きをしてもらおう。

❼ 医療事情

①健康管理

香港・広東省でまず注意すべきは食中毒や肝炎だ。特に、中国のB型肝炎のウイルス保持者は1.3億人、患者は3000万人とも言われている。香港でもウイルスキャリアの割合は人口の10%というデータもあり、肝炎にかかる日本人も少なくないので、注意が必要だ。

衛生状態の悪いレストランや露店では食事をしないこと。また、外食をする際はなるべく割り箸を使い、コップや皿に水がたまっている場合にはよく拭くか交換してもらったほうがよい。ナマモノも避けたほうがベター。また、大皿から料理を個々の箸で取るのではなく、取り箸を用意してもらったほうがよいだろう。

2003年に猛威をふるったＳＡＲＳも記憶に新しい。今後、新型インフルエンザが発生する可能性も指摘されている。それほど神経質になることはないが、外出後のうがいや手洗いを心がけ、紙幣やコインを触った後にも手洗いを励行するといった予防を習慣としたい。

②医療水準

香港の医療水準は高く、日本と同レベルと思ってよい。中には、日本以上の高水準の医療を施す分野もある。そのため、以前は手術が必要と診断されると帰国して治療を受ける日本人が多かったが、ここ2、3年は子宮頸がんや子宮筋腫、心臓などの手術を香港で受ける人も増え始めている。香港では、日本よりも医師と患者との関係が対等で、インフォームド・コンセプトが日本以上に浸透している。病状や治療方法、投与する薬の種類などの情報を患者が得ることができる。

病院は公立病院と私立病院・個人クリニックの2種類に分けられ

▲香港の医療水準は日本と同等レベル

る。公立病院の治療費は安いが、常に混みあっており、診察も数週間待ちでしか受けられなかったりする。私立病院やクリニックは治療費は高いものの、予約や診察がスムーズに受けられる。

香港には日本語で受診できるクリニックや、日系の医療アシスタンス会社などもあり、受けられる医療の選択肢は多い。選択肢は多くても患者が受け身のままでは、サービスを享受することはできない。患者自身が情報の入手に努めたうえで医療機関を選択し、積極的に医師とも話し、質問をしていけば、良い診療を受けることができるだろう。

広東省の医療水準も年々高くなっているが、香港には及ばない。現地で不安を感じた場合は、香港で診断・治療を受ける日本人が多い。

既往症がある場合は、日本の病院で英語の診断書を書いてもらっておくと、現地の医師と情報を共有することができ、より迅速に適した診療が受けられるだろう。

■日本語で治療が受けられる香港の主な医療関係機関

Mediport International Limited

香港銅鑼湾渣甸坊28号　京華中心2座23楼C室

Tel：(852)2577-1568

http://www.mediport.com.hk

健康診断の手配・実施、医療情報の提供・紹介などを行なっている日系医療アシスタンス会社。

香港港安医院（Hongkong Adventist Hospital）

香港湾仔司徒抜道40号

Tel：(852)2574-6211

http://www.hkah.org.hk（日本語版あり）

嘉諾撤医院（Canossa Hospital）

香港旧山道1号

日本語ホットライン：(852)2825-2150

http://www.canossahospital.org.hk（日本語版あり）

明徳国際医院（Matilda International Hospital）

香港山頂加列山道41号

日本語ホットライン：(852)2849-1573

http://www.matilda.org

養和医院（HongKong Sanatorium & Hospital）

香港跑馬地山村道2号

Tel：(852)2572-0211

http://www.hksh.org.hk（日本語版あり）

■広東省の日本語医療アシスタンス会社

上海威爾比医療諮詢有限公司（WellBe）

深圳市羅湖区嘉賓路4018号　爵士大廈9B 09～11

Tel：(0755)2590-4021

http://www.wellbemedic.com

広州、東莞、中山、珠海にもスタッフが常駐する。

上海聖傑医療服務有限公司（SSC）

Tel：86(20)8385-4135

広州市環市東路368号　花園大廈1046

③医療保険

香港には公的な医療保険制度はないが、企業が福利厚生の一環として従業員向けの保険を用意している。企業が提携する病院ではキャッシュレスで診療を受けることができる。企業が加入している保険によって限度額など内容も異なってくる。

渡航前に、海外旅行傷害保険に加入しておくという方法もある。広東省で働く場合は、香港のように従業員向け保険は適用されないので、加入しておくことをお勧めする。広東省に住んでいて急を要する病気や怪我をした場合、入院や手術の際に高額のデポジットを要求されることも多いので、そういった事態の時にも保険に加入しておくと安心だ。海外に在住していると、本人が健康に留意していても、思わぬ事件や事故、災害に巻き込まれるケースもある。そういった時、海外傷害保険に加入していれば医療費や、親族の現地への渡航費などが保険金から支払われる。ＡＩＵや東京海上火災、損保ジャパンなどの保険代理店による海外保険のほか、ＪＣＢやＵＣマスターカード、ＶＩＳＡなどクレジット付帯タイプなどさまざまある。また、現地の病院と提携している保険は、保険証書を見せればキャッシュレスで医療サービスを受けられる。日本語による緊急対応サービスが受けられる保険もある。さまざまなサービスが受け

られるパックになっていることも多いが、疾病対応だけなどに限定すれば保険額も安く抑えられるので、保険内容を吟味して加入したい。

既往症や歯科疾病などは保険対象とはならない。

④国民保険による払い戻し制度

国民保険に加入していれば、海外滞在中に治療を受けた場合、帰国後に申請すれば支払った医療費の一部が払い戻される制度がある。海外医療費（療養費）は健康保険法の規定による給付基準によって支払われるので、かかった医療費の100%が支払われるとは限らず、差額は自己負担となる。また、日本国内で保険に適用されない医療行為（差額ベッド、臓器移植、不妊治療など）は療養費の対象とならない。払い戻しの申請期限は、治療費を支払った日の翌日から起算して2年以内。

さらに、申請書類には日本語訳の添付が必要で、申請から払い戻しまでに約4ヵ月の時間を要することも忘れずに。

●治療・申請の方法

①受診した海外の医療機関で、治療費を全額支払う。
②その医療機関で、治療内容が記載された(A)「診療内容明細書」と医療費が記載された(B)「領収明細書」もしくはそれに順ずる証明書を発行してもらう。これらの証明書用紙は市町村・国保組合の窓口にあるので渡航前に揃えておくか、下記ホームページからダウンロードする。
③帰国後、国民保険に加入している市町村・国保組合で申請手続きをする。

必要書類（A）「診療内容明細書」
（B）「領収明細書」
「医療費支給申請書」（担当窓口にある）

※（A）（B）には日本語訳の添付をすること。

保険証、世帯主の印鑑、世帯主の口座番号
④市長村・国保組合から保険給付分が払い戻される。

社団法人　国民健康保険中央会（国保中央会）

〒100-0014
東京都千代田区永田町1丁目11番35号　全国町村会館5F
Tel：03-3581-6821（代）
Fax：03-3581-3523（代）
http://www.kokuho.or.jp/

❽ 治安

香港の治安はそれほど悪くはない。気をつけなければならないのは、街中でのスリやレストランでの置き引きなどの軽犯罪だ。空き巣にも注意したい。高層階のマンションやアパートに住んでいても、屋上から侵入したりもするので、しっかりと戸締まりをするよう心がけよう。そのほか、山中を歩くハイカーを狙ったハイキング強盗事件なども起きている。

広東省は、中国本土で最も治安が悪い場所として有名だ。スリ、窃盗、置き引きは日常的に多発している。道ですれ違いざまに貴金属を引きちぎって奪ったり、話している最中の携帯電話をもぎとったりなどの強引な犯罪も多い。複数の男に拉致され、身ぐるみはがされて見知らぬ土地に放り出されるといった事件に巻き込まれた日本人の例もある。営業許可を受けていない白タクに乗車して金品を巻き上げられたり、国境駅などでイミグレに向かうまでの短時間にパスポートを財布や盗まれる日本人も少なくない。パスポートを紛失・盗難に遭った場合は所定の手続きを踏めば、日本領事館で再発給を受けられる。外国にいるという緊張感を忘れずに行動すれば犯

▲夜の香港の街

罪に遭う確率は少なくなる。

在香港日本国総領事館

香港中環康楽広場 8 号 交易広場第 1 座 46F、47F

Tel:(852)2522-1184

Fax:(852)2868-0156

http://www.hk.emb-japan.go.jp/jp/index02.html

在広州日本総領事館

広州市環市東路 368 号花園大厦

Tel：86(20)8334-3009

Fax：86(20)8333-8972

http://www.guangzhou.cn.emb-japan.go.jp/

❾ 交通事情

①香港

【オクトパスカード（八達通）】

日本のＳＵＩＣＡやＰＡＳＭＯに似たＩＣマネーカード。タクシーを除くほとんどの公共交通機関で利用できるほか、スーパーやコンビニエンスストア、自動販売機などでも使用できる。地下鉄や九廣鐵路（ＫＣＲ）の各駅やコンビニなどで購入することができ、残高が少なくなればチャージもできる。香港で暮らすうえでの必需品だ。

【主な公共交通機関】

地下鉄は、香港島北側の主要地区と九龍半島をつなぎ、香港人の主要な交通手段になっている。主なオフィスビルは地下鉄駅に連結しているので、通勤にも便利。バスも600本以上の路線バスが運行しており、香港をくまなく結ぶ。フェリー会社も10社以上あり、離島の住宅地と中環を結ぶ通勤船は24時間運航している。そのほか、九龍半島の中心部からベッドタウンを通り、中国本土までを結ぶ九廣鐵路（ＫＣＲ）や、香港島北側を東西に結ぶ路面電車、トラムや小巴と呼ばれる乗り合いバスを通勤手段にする人もいる。

タクシーも市街地の初乗りが15香港ドルと日本よりも安いので、利用しやすい。

公共交通機関を乗りこなすのに役立つのが、通用図書有限公司が出版している『香港街道地方指南』だ。書店や新聞・雑誌スタンドで購入できる。

地鐵公司（MTR）http://www.mtr.com.hk
九龍巴士（Kowloon Motor Bus 1933）http://www.kmb.hk/
城市巴士（City Bus）http://www.citybus.com.hk

▲深圳駅から香港までの所要時間は約30分

新世界第一巴士（New World First Bus）http://www.nwfb.com.hk
新渡輪（New World First Ferry）http://www.nwff.com.hk
珀麗灣客運（Park Island Transport）http://www.pitcl.com.hk
愉景灣航運（Discovery Bay Transportation Service）
http://www.discoverybay.com.hk
九廣鐵路（ＫＣＲ）http://www.kcr.com.hk
香港電車有限公司（トラム）http://www.hktramways.com

香港鉄道路線図

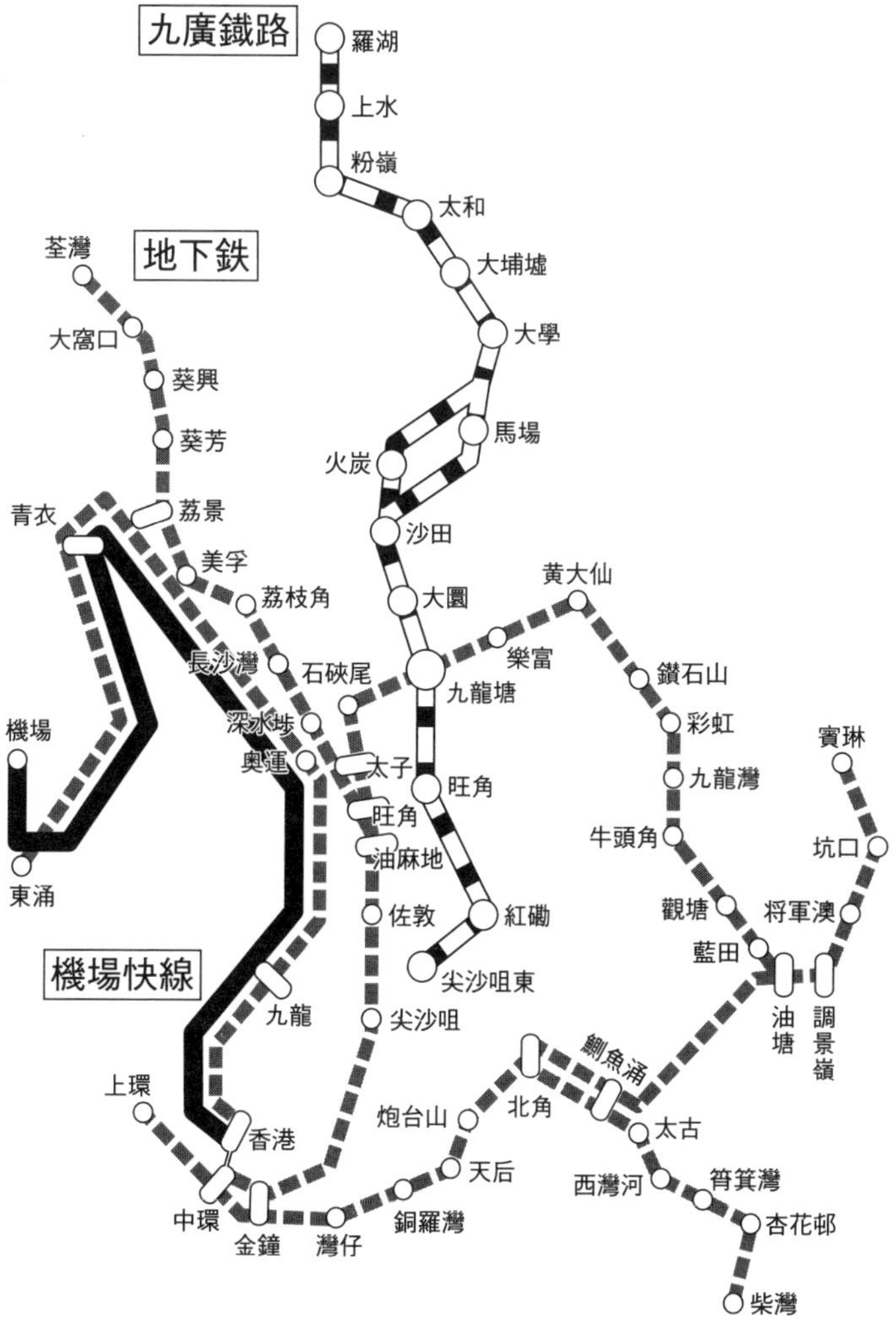

九廣鐵路
羅湖
上水
粉嶺
太和
大埔墟
大學
馬場
火炭
沙田
大圍
九龍塘
旺角
紅磡
尖沙咀東
地下鉄
荃灣
大窩口
葵興
葵芳
荔景
美孚
荔枝角
長沙灣
石硤尾
深水埗
奧運
太子
旺角
油麻地
佐敦
尖沙咀
樂富
黄大仙
鑽石山
彩虹
九龍灣
牛頭角
觀塘
藍田
油塘
調景嶺
將軍澳
坑口
寶琳
鰂魚涌
太古
北角
炮台山
天后
銅羅灣
灣仔
金鐘
中環
上環
西灣河
筲箕灣
杏花邨
柴灣
青衣
機場
東涌
機場快線
九龍
香港

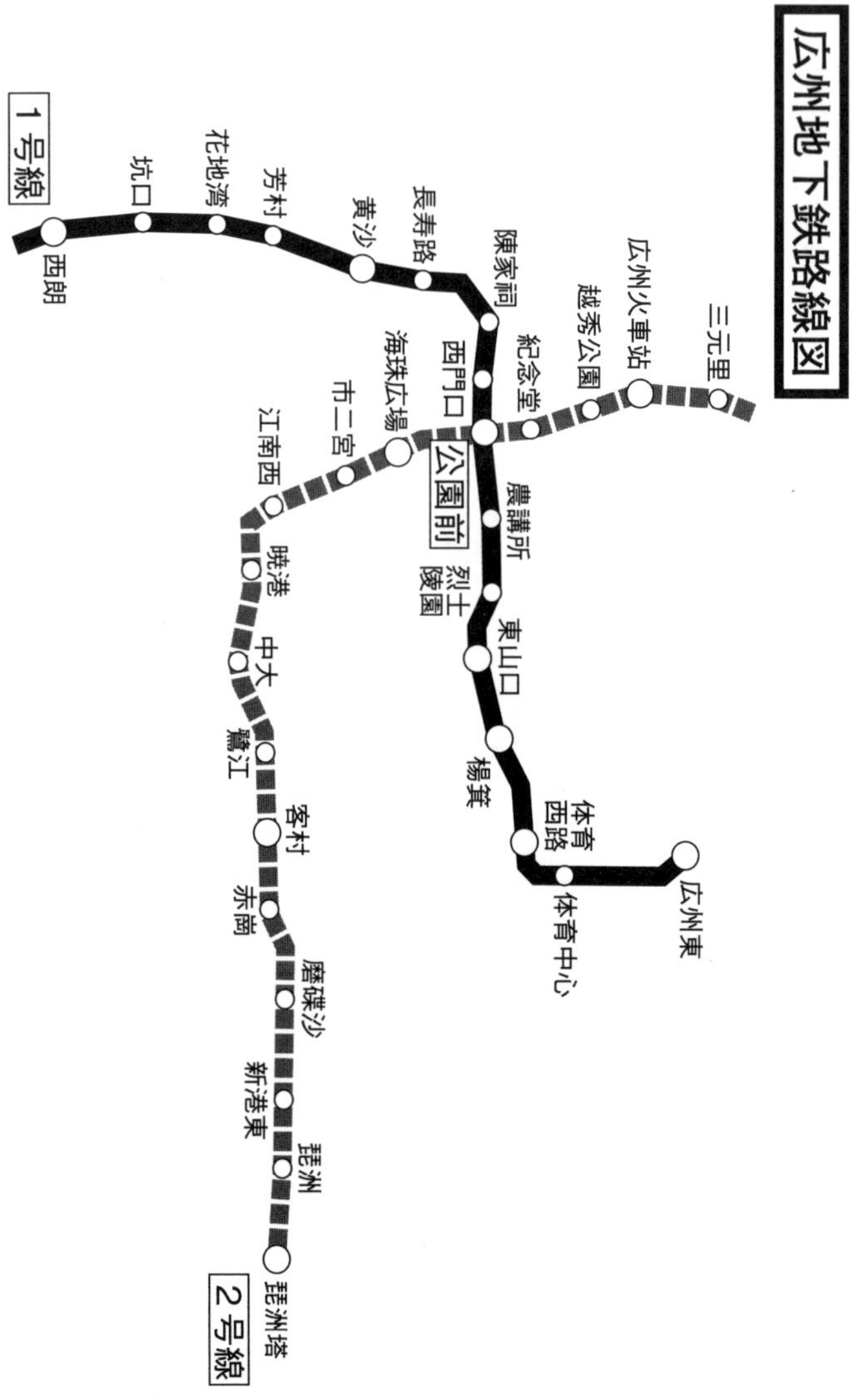
広州地下鉄路線図
1号線
西朗
坑口
花地湾
芳村
黄沙
長寿路
陳家祠
西門口
公園前
農講所
烈士陵園
東山口
楊箕
体育西路
体育中心
広州東
三元里
広州火車站
越秀公園
紀念堂
海珠広場
市二宮
江南西
暁港
中大
鷺江
客村
赤崗
磨碟沙
新港東
琶洲
琶洲塔
2号線

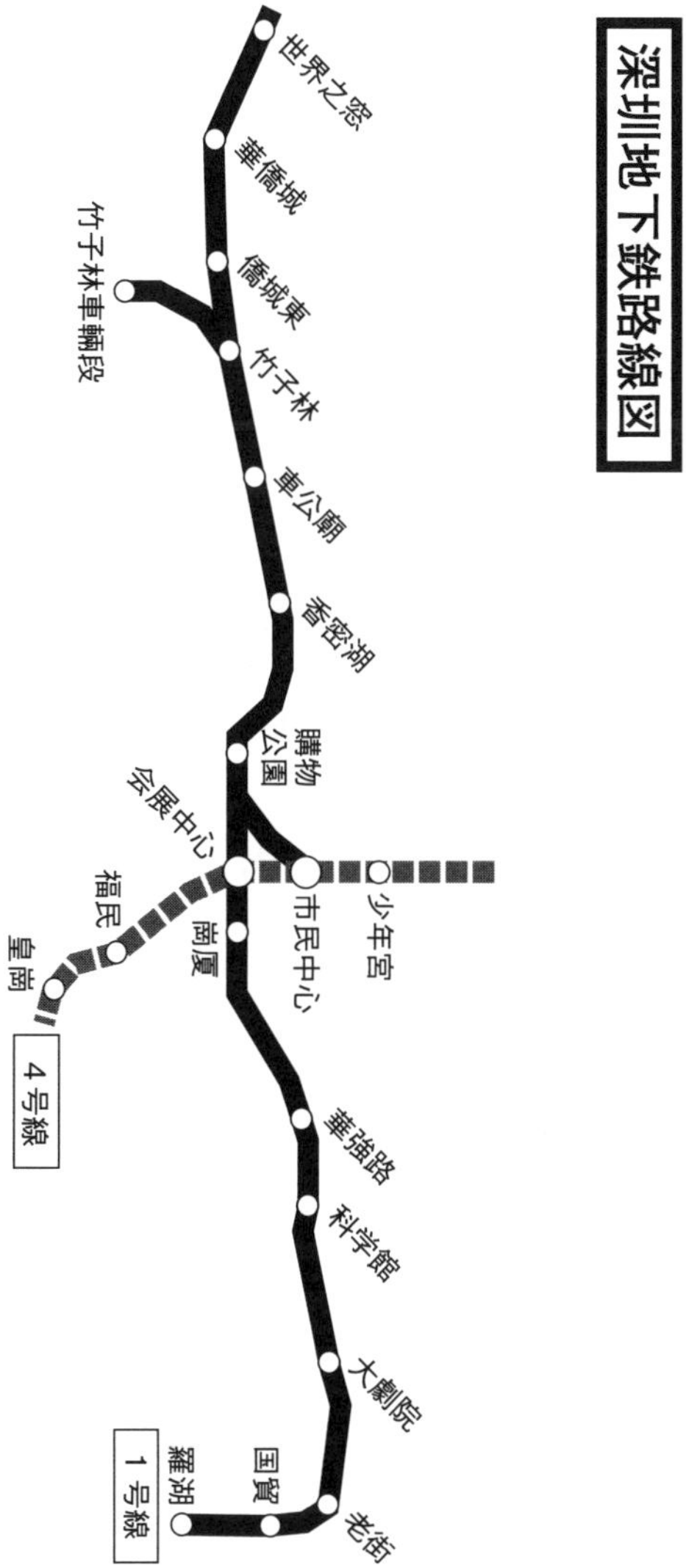
深圳地下鉄路線図
世界之窓
華僑城
僑城東
竹子林車輛段
竹子林
車公廟
香蜜湖
購物公園
会展中心
福民
皇崗
4号線
市民中心
少年宮
崗廈
華強路
科学館
大劇院
国貿
老街
羅湖
1号線

②広東省

日本よりもかなり安いためタクシーを利用する日本人は多い。地下鉄は広州が1999年に開通しており現在2路線、深圳は2004年12月に開通したばかりだが2路線運行している。バスも各市内を網の目のように走っており、慣れれば交通手段としては便利だ。

香港へは九廣鐵路（ＫＣＲ）のほか、フェリー、長距離バスなどが運行しており、気軽に行くことができる。

③自動車免許

香港では、国際免許証か香港の免許証を持っていれば外国人でも車を運転することができる。また日本の免許証を持っていれば、香港の免許証に書き換えることができる。まず日本総領事館で運転免許証明書を発行してもらった後、金鐘の統一中心にある運輸署へ。所定の申請書に記入後、香港のＩＤカードとパスポート、運転免許証明書を添付して提出する。1週間ほどで取得できる。

中国本土では道路交通に関する「ジュネーブ条約」を批准していないため、日本において発行された国際運転免許証を所持していても使用することはできない。そのため、中国で運転したい場合には、日本の免許証を中国で書き換える必要がある。免許証の取得は、外国人居留許可証を持っている人に限られ、旅行者や長期出張者などは取得することができない。

手続きは、市内の運転免許試験場で行なう。まず、所定の申請用紙に必要事項を記入のうえ、居留許可証が添付されたパスポート、日本の免許証のコピーを添付して提出する。身体測定合格後に、筆記試験を受験する。試験問題は、手続きの際に試験場から渡される筆記試験用の問題集の中から出題される。試験問題の言語は、中国語か英語を選択できる。合否はその場で言い渡され、合格であれば免許証を受け取ることができる。

▲香港でも広東でも日本の免許証を現地のものに書き換えられる

⑩ 日本語情報源

香港には日本語書籍を専門に扱う書店や古書店があり、日本語の書籍や雑誌を簡単に入手できる。地元の書店の中には、ファッション誌など日本の雑誌を扱っているところもある。また、香港の情報が豊富な週刊新聞『香港ポスト』(有料)が香港で発行されているほか、無料の月刊誌『コンシェルジュ香港』も日本料理店などで配布されている。

広東省にはフリーペーパー『KANAN MONTHLY』『Whenever 広東』がある。

朝日、読売、日経の3紙(衛星・国際版)も日本の倍以上の料金がかかるが定期購読することが可能だ。

インターネットも情報源の1つ。ビジネス、観光、生活、イベント、

文化など中国の幅広い情報を扱う「ＳＨＥＸ　日中ドットコム」はトップページの１日のヒット数が7,000を超える人気サイトになっている。レストラン、ショッピングなどの生活情報や掲示板などがある「ＴＨＥ香港」でも、さまざまな香港情報が入手できる。

【主な日系書店】

旭屋書店

香港銅羅灣軒尼詩道555号　崇光香港（SOGO）内
香港鰂魚涌山道２号　吉之島（ジャスコ）康怡店内

日本 IPS

香港太古城道18号　ＵＮＹ内

トマトブックス

香港尖沙咀広東道28号　新太陽廣場１Ｆ

【日本語情報紙誌】

『香港ポスト』

http://hkpost.pasona.com.hk/

『コンシェルジュ香港』

http://www.chainavi.jp/

『KANAN MONTHLY』

http://www.kanan.cn/

『Whenever 広東』

http://www.shwalker.com/fix/group.html

▲広東省でも香港の日刊紙を買うことができる

▲各種日本語情報紙・誌が発行されている

【中国・香港に関する主な日本語ホームページ】

ＴＨＥ香港

http://db.soknet.com.hk/thehk2000/eg/cgi-bin/index.idc

ＳＨＥＸ　日中ドットコム

http://www.nicchu.com

中国情報局

http://www.searchina.ne.jp/

Chinachips!　庶民の中国情報世界一！

http://chinachips.fc2web.com/aaa.html

⑪ 日本人コミュニティ

渡航したばかりの頃は、不案内な現地での生活に戸惑うことも多いだろう。日本とは異なる環境で暮らす中でストレスを感じることもあるはずだ。そんな時は、同じ日本人と触れ合い情報交換をしたり、人脈を広げてみてはどうだろうか。大学同窓会、県人会、各種サークルなどが開催されており、日本語情報誌などにも情報が掲載されている。

香港日本人倶楽部（要会費）

http://www.hkjapaneseclub.org

華南地区青年会

華南地区で働く日本人の若者の親睦団体。

http://popup3.tok2.com/home2/saishu/seinenkai-home.htm

広州で働く日本人女性の会

広州で働く日本人女性の親睦団体。

連絡先：araitoysonline@yahoo.co.jp

⑫ 在留届と在外選挙

①在留届

外国に住所または居所を定めて3ヵ月以上滞在する人は、旅券法第16条により、その地域を管轄する日本大使館または総領事館に速やかに在留届を提出することが義務付けられている。海外に在住する日本人が事件や事故、思わぬ災害に巻き込まれるケースも増加しており、万一、このような事態に遭遇した場合に、日本国大使館や総領事館が在留届をもとに、その人の所在地や緊急連絡先を確認して援護する。また、海外在留邦人が事件や事故、災害に遭ったのではないかと思われる時、「在留届」が提出されていれば留守宅への連絡等も迅速に行なうことができるので、在留届は必ず提出しよう。

また、在外公館でパスポートの更新などを行なう場合、「在留届」を提出していれば、戸籍抄本の提出が免除される。

在留届は領事館窓口での直接提出だけでなく、郵送やFaxでの送付も可。また、インターネットによる届出もできる。詳細は、総領事館まで。

在香港日本国総領事館

香港中環康楽廣場8号 交易廣場第1座46F

Tel：(852)2522-1184

Fax：(852)2868-0156

http://www.hk.emb-japan.go.jp/jp/index02.html

在広州総領事館

広州市環市東路 368 号花園大厦

Tel：86(20)8334-3009

Fax：86(20)8333-8972

http://www.guangzhou.cn.emb-japan.go.jp/

②在外選挙の登録

「在外選挙人名簿登録」を行なうと、在外選挙人証が発行され、海外でも日本の選挙（ただし、衆・参議院の比例代表のみ）に参加できる。通常、本登録には約 3 ヵ月の手続き期間が必要。申請は本人に限られる（配偶者の代理申請も認められない)。

1. 登録資格
   (1) 年齢満 20 歳以上の日本国民
   (2) 本国内で転出届を出した方
   (3) 総領事館の管轄区息に 3 ヵ月以上居住
2. 持参するもの
   (1) 旅券
   (2) 居留証

学ぶ

①使用言語

香港で日常的に使われているのは、広東地方の方言である広東語である。香港では公用語が中国語と英語なので、政府機関や公共機関、金融機関などの文書は中国語と英語が併記されている。教育の現場では、広東語、英語のほか、北京語を標準とした普通話（香港では、国語と呼ぶ）の会話の習得を目標としている。大学においては英語で進められる講義も多いので、若い世代を中心に英語でコミュニケーションをとることができる人が多い。また、最近は中国人観光客が急増したことで、一般の商店などでも、北京語がかなり通じるようになってきた。

広東省では、広東語と北京語が日常的に使われている。

香港と広東省で話されている広東語、北京語に差異はないが、文書などの表記は同じ中国語でも香港では繁体字、広東省では簡体字を使用している。

香港のビジネスシーンでも北京語の需要は年々高くなっており、英語、広東語、北京語と3つの言語を使い分けながら仕事をする人も珍しくない。外国語が飛び交う香港のような場所は語学を学ぶ環境としても最適で、インタビューページに登場している日系部品メーカー勤務の高瀬哲矢さん（20ページ）のように、留学時代には香港中文大学で広東語を2年間学び、そのかたわら北京語は独学、英語は専門学校に通いながら勉強をするというようなこともできる。

②留学

北京語の習得には北京や東北地方など北方への留学が適しているとされるが、香港や広東省でも北京語を学ぶことはできる。広東語もあわせて習得したいという人には、香港や広東省への留学が向い

ているだろう。

広東省も含めた大陸への留学費用は学費・生活費あわせて年間で約100万円と言われているのに対して、香港では物価も高いために2、3倍の費用がかかることから、香港を断念して広東省の大学を選ぶ人も少なくない。

ちなみに、中国大陸へ留学した場合の1年間にかかる経費はおおよそ、学費25万円＋寮費25万円＋生活費30～40万円＋その他雑費10～30万円＝90～120万円。

香港へ1年間留学した場合はおよそ、学費が約90万円＋家賃70～90万円＋生活費・雑費90～150万円＝250～330万円。アパートをルームシェアなどして切り詰めたとしても最低でも年間200万円は必要になる。

香港では、香港大学と香港中文大学が外国人留学生向けに、広東語コースと北京語コースを設けている。秋、春、夏の3学期に分かれ、2年間でコースを修了する。

広東省の大学では、国際交流学院等の名称の留学生オフィスが管轄する「漢語班」という語学コースで学び、語学留学生は漢語進修生と呼ばれる。就職を念頭に置いて留学してくる人の多くが1年間(長い人でも2年間)、漢語班で学び、中国政府国家教育部公認の中国語能力試験「ＨＳＫ（漢語水平考試)」(17ページ参照）の6～8級の取得を目指す。

中国の大学は2学期制で、前期が9月から、後期が2月中旬から下旬にスタートする。後期の開始時期が毎年異なるのは、旧暦を採用しているためだ。夏休み、春休みをのぞくと、通学するのは約10ヵ月。漢語班の授業はほとんど午前中のみ。午後は自由時間で、二胡や太極拳、書道など中国文化を学んだりすることもできる。

働きながら広東語、北京語、英語を勉強するならば、語学学校の夜間コースに通学するか家庭教師を利用する。また、香港大学の校外課程である専業進修学院では語学以外にもさまざまなコースが設けられており、専門分野の講義を履修することもできる。3年間通

学して（夜に週3回、週末に1回の講義）、学士の学位を取得することも可能だ。

■留学情報が得られる主な団体、ウェブサイト

独立行政法人　日本学生支援機構　留学情報センター

資料閲覧や留学相談（要電話予約）も可能。東京は毎日、神戸サテライトは月～金、開館している。ホームページ内にも、「中国留学の手引き」が掲載されている。

東京留学情報普及室　東京都江東区青海2-79

神戸サテライト　兵庫県神戸市中央区脇浜町1-2-8

http://www.jasso.go.jp/

中国留学ガイドブック

『中国留学ガイドブック』（三修社刊）の著者が運営しているサイト

http://homepage3.nifty.com/chinese/

中国留学.COM

http://www.japan-china.org/

■広東語・北京語留学ができる主な大学

香港大学　中文系中文証書課程（広東語、北京語）

香港薄扶林道

Tel：(852)2859-2433

Fax：(852)2540-1405

http://www.hku.hk/

香港中文大学　新雅中国語文研究所（広東語、北京語）

香港新界沙田

Tel：(852)2609-6727

Fax：(852)2603-5004

▲1906年、華僑のために設立された暨南大学

http://www.cuhk.edu.hk/clc/（日本語版あり）

深圳大学　留学生教学部（北京語）

深圳大学留学生教学部（事務棟 3403 号室）

Tel： 86(755)2655-8894

Fax：86(755)2655-7020

http://www.szu.edu.cn/

中山大学　国際交流学院（北京語）

広州市新港西路 135 号

Tel： 86(20)8403-6465

Fax：86(20)8411-5621

http://www.sysu.edu.cn/（日本語版あり）

暨南大学　華文学院（北京語）

広州市沙痩狗嶺

Tel： 86(20)8720-5019

Fax：86(20)8720-6866

http://www.jnu.edu.cn/

■北京語、広東語、英語が学べる主な学校

香港大学専業進修学院（HKU　SPACE）

香港薄扶林道

Tel： (852)2975-5883／2975-5880（日本語）

Fax：(852)2585-3404

http://www.hku.hk/

香港大学の校外課程。日本人講師による日本人のための広東語、北京語講座などの学習プログラムがある。英語コースもあり。北角や鰂魚涌など各地区に教室がある。

香港日本人倶楽部

http://www.hkjapaneseclub.org

会員向けに各種文化、教養、スポーツの講座を開講している。北京語、広東語などを学ぶことができる。

香港英国文化協会（ブリティッシュ・カウンシル）

香港金鐘法院道 3 号

Tel：(852)2913-5100

Fax：(852)2913-5102

http://www.britishcouncil.org/hongkong

各種英語クラスを開講している。

ジオス香港校

香港銅羅灣告士打道 255-257 号　信和廣場 3 F

Tel： (852)2504-0220

Fax：(852)2504-0228

http://www.geoshk.biz.com.hk

日系語学専門学校。紅磡校もある。英語、北京語、広東語コースあり。

ベルリッツ香港校

香港金鐘道 88 号　太古廣場 1 座 708 号

Tel： (852)2826-9223

Fax：(852)2525-9757

http://www.berlitz.com/

英語、広東語コースあり。

関係機関ほか

■在中国日本公館

在香港日本国総領事館

香港中環康楽廣場 8 号 交易廣場第 1 座 46F、47F

Tel： (852)2522-1184

Fax：(852)2868-0156

http://www.hk.emb-japan.go.jp/jp/index02.html

在広州日本総領事館

広州市環市東路 368 号 花園大厦

Tel： 86(20)8334-3009

Fax：86(20)8333-8972

http://www.guangzhou.cn.emb-japan.go.jp/

■在日本中国公館

在日本国中華人民共和国大使館

東京都港区元麻布 3-4-33

Tel： (03)3403-3388

Fax：(03)3403-5447

http://www.china-embassy.or.jp/jpn/

駐大阪総領事館

大阪市西区靭本町 3-9-2

Tel： (06)6445-9481

Fax：(06)6445-9475

駐札幌総領事館

札幌市中央区南 13 条西 23 丁目 5-1

Tel： (011)563-5563

Fax：(011)563-1818

駐福岡総領事館

福岡市中央区地行浜 1-3-3

Tel： (092)713-1121

Fax：(092)781-8906

駐長崎総領事館

長崎市橋口町 10-35

Tel： (095)849-3311

Fax：(095)849-3312

駐名古屋総領事館

名古屋市東区東桜 2-8-37

Tel： (052)932-1098

Fax：(052)932-1169

香港政府観光局

東京オフィス

東京都千代田区丸の内 3-1-1　国際ビル２Ｆ

Tel： (03)5219-8288

Fax：(03)5219-8292

大阪オフィス

大阪府大阪市中央区淡路町 3-5-13　創建御堂筋ビル８Ｆ

Tel： (06)6229-9240

Fax：(06)6229-9648

http://www.discoverhongkong.com/jpn/

■中国関連の専門書店

東方書店

東京都千代田区神田神保町 1-3

Tel：(03)3294-1001

Fax：(03)3294-1003

http://www.toho-shoten.co.jp/

内山書店

東京都千代田区神田神保町 1-15

Tel：(03)3294-0671

Fax：(03)3294-0417

http://www11.ocn.ne.jp/~ubook/

亜東書店

東京都千代田区神田錦町 1-4　日中友好会館１Ｆ

Tel：(03)3291-9731

Fax：(03)3291-9770

http://www.ato-shoten.co.jp/

中華書店

東京都千代田区神田神保町 2-20-6

Tel：(03)3515-6633

Fax：(03)3515-6669

http://www.chuka-shoten.co.jp/

亜東書店名古屋支店

名古屋市昭和区八事本町 100 － 32　八事ビル１Ｆ

Tel：(052)836-2880

Fax：(052)836-2883

福岡中国書店

福岡市博多区中呉服町 5-23

Tel：(092)271-3767

Fax：(092)272-2946

http://www.cbshop.net/

ＨＳＫストア（ＨＳＫ教材専門書店）

http://unista.co.jp/

書虫（中国大陸の書籍オンラインショップ）

http://www.frelax.com/sc/